DUA TË JETOJ

Tregim i një ngjarje të vërtetë

BURHAN AL DIN SEJDI FILI

BOTIMET
ALSAR

TIRANË
2023

Autor:
Burhan Al Din S. Fili

Titulli:
DUA TË JETOJ

Përgatiti për botim:
Mehdi Gurra

Redaktore:
Diana Xh. Cane

Redaktore letrare:
Ermira Pashaj

Faqosja & Kopertina:
Halil Berisha

Shtëpia Botuese ALSAR
Address: Rruga e Bogdanëve, P. Eurocol
Tirana-Albania
Tel: 00 355 4 2 241 852
e-mail:
botimetalsar@gmail.com
alsaryayinlari@gmail.com
alsarpublications@gmail.com
www.alsar.al

DUA TË JETOJ

Tregim i një ngjarje të vërtetë

BURHAN AL DIN SEJDI FILI

BOTIMET ALSAR

Përmbajtja

Këto rreshta i shkroi Burhani,
prej Koplikut një grusht dhé,
porsi qiri i digjet xhani,
për Islam e për Atdhe.

Trieste, Itali, 1976

Kamp refugjatësh

Ishte nji ditë e bukur që Tetori po e ndante me natyrën përreth, duke i dhanë mjedisit nji ndjesi pranverore. Dukej se kjo mirësi i shkonte përshtat çdo gjallese ku secila përpiqej të përfitonte prej saj. Po ecja ngadalë në nji park të vogël, por të mbajtun me disiplinë nga nji kopshtar i moshum. Ky park i thjeshtë dukej sikur i ftonte të moshumit refugjatë në shoqninë e tij. Teksa po ecja ngadalë i shoqnum me mendimet e mia që udhëtonin larg e afër pa lejen time, hodha shikimin përreth atij kopshti ku dukeshin disa rrugica të ngushta të shoqnume nga të dy anët me logustra të preme bukur, diku aty-këtu kishte ndonji selvi e ndonji pishë, sikur i banin karshillek ndonji rrapi e blini, trëndafilat ndonëse të vogla pasunonin kopshtin me nji pamje llastuese.

Në ecje e sipër pashë nji grua të moshume ulun në nji ndejse prej druni që s'i mungonin parkut të vogël. Ishte veshun kokë e kambë në të zezë, cepin e shamisë e mbante me gishta sikur po tjerrte në shtëllungën e mendimeve...

Thashë me vete, kjo do të jetë shqiptare nga jugu, ato vishen me të zeza, zakon grek. Ashtu në heshtje rrinte karshi diellit sikur donte të merrte sa ma shumë energji për të ngroh trupin e saj që dukej i dërrmuar. E unë si pa të keq i thashë: "Më falni, a jeni shqiptare?" M'u duk se ia

trazova mendimet, dhe ashtu siç ishte i dha vetes instink-
tivisht që të ngrihej në kambë, shprehje e kulturës shqip-
tare. I thashë: "Zoj, mos u trazoni ju lutem!" Shkëmbyem
përshëndetjet dhe më tha të ulesha pranë. Ishte nji zojë e
moshume, pamja e saj fliste qartë për peshën e randë të
viteve plot vujtje. Buzëqeshja e saj humbiste në rrudhat që
i shëmbëllenin nji 'dorëshkrimi' ku ndërhyrjet e ndryshme
në 'shkrim e sipër' e banin të vështirë leximin e tij, gja që
mund të arrihej vetum nga 'dorëshkruesi'.

Shikimi i asaj nane runte gjallninë që as vuajtjet e viteve
s'kishin arrit të ia pushtonin. Fillum bisedën ku më tha se
ishte nga fshatrat e Korçës dhe ishte arratisë bashkë me tre
fëmijët: Kudretin që ishte mosha ime, Rudinën dhe Përpa-
rimin, të cilët ishin shumë vite mbas djalit të madh. Ky
dallim moshe mbarte në vetvete nji nga hallkat e zinxhirit
të vuajtjeve të saj të gjata e të vështira që ende i tërhiqte
zvarrë…Në bisedë e sipër erdhi Kudreti djali i madh, ku i
thashë se edhe unë jam refugjat si ju, banor i atij kampi që
ndeshi e përcolli shumë refugjatë nga vendet e sundume
prej sistemit famëkeq komunist. Në atë atmosferë njohje
erdhën edhe dy fëmijët e tjerë që më përshëndetën me
përzemërsi. U ulën pranë nanës që ndonëse kishte mbet
pak në trup, ishte e madhe në shpirt, për ngrohtësinë e së
cilës fëmijët ende kishin nevojë. Dashuri Nane, që kurrë
nuk plaket!

U ndamë që të shihemi sërish, e shikova zojën Bajame
që më kujtoi nanën time në Shqipni, por nuk dija a do të
takoheshim nji ditë! Dashuria asht si parfumi, nëse lulen
s'arrin ta kesh, parfumin e saj e merr me vete.

Ndërsa ata po largoheshin thashë me vete: "Vështirë e
kanë, por të paktën janë të lirë për të cilën kanë kenë gati
të flijohen."

Vazhdonte jeta në kampin e refugjatëve, vendi nuk ishte shumë larg Triestes. Ishte i përbamë prej disa ndërtesave qysh në kohën e Musolinit si kazerma ushtrie. Aty dilte në pah mjeshtëria që italianët kanë në ndërtim… Në atë ambient endeshin refugjatë nga të gjitha vendet e Europës Lindore, që banin pjesë në "Traktatin e Varshavës".

Pjesa ma e madhe e tyre ishin nga Polonia, Hungaria, Çekosllovakia, Rumania, ndërsa nga Gjermania Lindore e Bullgaria ishin ma pak. Nji numër krejt i vogël ishte prej Shqipnisë, e cila ishte shndërru në nji burg të madh. Nga ajo skëterrë kisha dalë unë me dy shokët e mi, ishin shtu edhe katër të arratisur, por nuk dihej se ku do të na hidhnin dallgët e kurbetit, i cili asht i vështirë e shpesh i pamëshirë. Në kyt "vathë" njerëzish takova zojën Bajame me fëmijët e saj, pasunia e vetme që kishte në këtë botë pluhun.

U takonim shpesh, bisedonim rreth jetës sonë në Shqipni, secili tregonte atë që kishte përjetu në Atdheun e syrgjynosur. Tregimet e zojës Bajame ishin rrëqethëse, por duheshin tregu. Njeriu nuk duhet të ketë frikë nga e vërteta sado e hidhur të jetë ajo. Unë i ndigjoja me vëmendje sikur t'i kisha përjetu vetë ato mënxyra komuniste, që nji pjesë të atyne vujtjeve i përjetova… Shqipnia ishte si nji burg i madh, kampet e përqendrimit ishin si qeli, ndërsa burgu i vërtetë si qeli solitare-në vetmi absolute, ku nuk kishte asnji prani përveç Zotit.

Kjo ishte atmosfera e bisedave që zhvilloja me rahmetlijen Bajame.

Jeta vazhdonte me ritmet e saj të ngadalshme, nji rutinë e rëndomtë që mundoheshim ta thyenim me ç'të ishte e mundur.

Bisedat e shumta me zojën Bajame dhe Kudretin krijun nji mjedis miqësor, ku secili ndihej rehat. E pse jo? A nuk ishte secili prej nesh që kishte nevojë për nji shoqëri të tillë në atë vend ku gjendeshim si nji varkë pa esperancë... e ku mund ta gjenim këtë ndihmë përveç se te njëri-tjetri?

Rridhnin ditët në qejf të vet, e ne shikonim drejt horizontit të shpresës, që kurrë s'e hoqëm shikimin prej saj.

Nji ditë teksa po bisedoja me rahmetlien dhe Kudretin, biseda që tashma ishin ba pothujse të përditshme, m'u drejtu zoja Bajame me nji shikim të përzier që shprehte lodhje dhe shpresë... ajo më tha: "Dëgjo o bir, dua të shkosh me Kudretin në Bankë të qytetit se kemi nji trastë lekë dhe nëse është mundësia t'i këmbejmë në lireta Italiane. Në atë trastë është djersa jonë e përzier me lot e gjak." Teksa fliste shihja shikimin e saj që shprehte brengë të madhe të mbështjellun me mllef...I thashë se isha gati të shoqëroja Kudretin për në Bankë. "E po mirë"-tha, "se ti din nji çikë Italisht." - "Eh, moj zoja Bajame, unë di fare pak, që ma shumë ngatërroj sesa ndihmoj." Sidoqoftë nuk kishte nevojë për shpjegime se vetë leku shqiptar i pavlerë do të shpjegojë historinë e dhimbshme të popullit ku djersa e mundit të tyre nuk kishte asnji vlerë.

Shkuam në Bankën Qendrore në Trieste, ku kërkum takim me nji nga zyrtarët e Bankës, i cili na priti miqësisht. E përshëndetëm dhe ai e ktheu përshëndetjen me buzëqeshje gjeniale, jo komerciale. Kudreti vendosi trastën mbi tavolinë nga ku nxori lekët.

Bankieri shikoi me habi dhe keqardhje, duket se ishte hera e parë që shihte lek. Shikimi i tij te lekët u kthy nga ne, sidomos te Kudreti dhe siç ishte lëvizi drejt nesh sikur donte të na ngushëllonte... me nji gjysëm zani tha: " Më vjen shumë keq, por këto nuk shkojnë askund." Kudreti që e priste këtë me nji shfryrje të lehtë i dha vetes për t'u ngrit. E falenderum bankierin që na përcolli miqësisht deri te dera e zyrës së tij.

U nisëm për në kamp pa fol shumë, se ajo që përjetum i thonte të gjitha... u takum me zojën Bajame që e ndiente nji gja të tillë. I tregum shkurtimisht, pas nji heshtje të shkurtër tha: "E po ç'ti bëjmë... ja ku jemi, mundi i shumë viteve i përzier me djersë e lot, i gjithi po vete kot." E unë si për të lehtësu gjendjen, i thashë: "Ai mund dhe djersë që keni derdh në vite u shndërru në "valutën" ma të shtrejtë që asht Liria e dhurume nga Zoti. Tani asht koha që ne të gjithë ta përdorim lirinë, valutën e sakrificës si duhet e ku duhet. Ti je e pasur me praninë e fëmijëve të tu dhe ata janë me fat që të kanë, nji nanë që kurrë nuk u dorëzu."

U largum që të shihemi sërish në rrjedhën e jetës që kërkonte kambëngulje.

Mënxyra komuniste

Përfundimi i luftës së dytë botnore pruni në Shqipni sistemin komunist, që u instalu dhe dirigju nga Milladin Popoviç, Dushan Mogosha...misionerët e Titos me direktivat intriguese të rrymave të zymta ndërkombëtare. Zgjedha e vujtjeve filloi të rëndohej, dhe populli s'kishte kujt t'i ankohej. Me gjithë intrigat dhe dhunën e ushtrume shqiptarët nuk e dhanë veten lehtë. Ata rrezistun, shumë prej tyne rrokën armët dhe dolën në male. Përballë kësaj përpjekje ishte fuqia komuniste që ndihmohej nga Jugosllavia, padroni i vërtetë i Shqipërisë që sa vinte e izolohej. Nji pjesë e madhe e shqiptarëve nuk besonin se regjimi Bolshevik që Enveri po stërvitej ta kapte në dorë me shpirt ateist, që ia kaloi edhe 'ustallarëve' të tij do ta kishte të gjatë.

Në vitin 1948 Tito i ra mohit dirigjuesit të tij Stalinit, që po mos të ishte në gjendje të dobët do ta sulmonte Jugosllavinë, por Tito e kishte studiu mirë terrenin politik, duke mos i mungu ndihma e fuqive perëndimore, që për ata ishte i llastumi. Ndërsa për Shqiptarët nuk mbeti tjetër veç vuajtjeve. Nji pjesë e atyre që rrezistun u hodhën në Jugosllavi duke mendu se do të ndihmoheshin për përmbysjen e regjimit që besonin se nuk e kishte të gjatë. Ata u përdorën nga regjimi Titist dhe u banë 'mish për top' në kasaphanën Titiste - Enveriste. Shumë prej tyre u vranë dhe u arrestuan si diversantë. Familjet e tyne u internuan në kampe të përqendrimit, të sajume nga regjimi Stalinist, nga ku faraoni shqiptar jo vetëm që mësoi,por ua kaloi.

Pjesa jugore e Shqipërisë nuk ishte ma mirë. Edhe atje kishte burra që e kuptun ligësinë komuniste. Ata morën arratinë në male dhe në Greqi ku u abuzun e u përdorën si ata në Jugosllavi. Vazhdonin përpjekjet e patriotëve, por jo me ndonji rezultat të pritshëm. Kishte edhe nga të rinjtë që iu bashkangjitën luftëtarëve që luftun me vetëmohim.

Nji prej tyre ishte nji djalë i ri që sapo ishte ba dhandër. Ai ishte nga fshatrat e Korçës, bashkëshorti i Bajames. Nuk zgjati shumë 'muaji i mjaltit'. Dhandri kishte rrok armët për të luftu regjimin komunist që nuk kurseu asgja dhe askënd. Ai s'njihte Zotin, e ku pyeste për robin!

Ky ishte sistemi që u instalu me dinakëri, dhunë e cinizëm në Shqipni. Vendosja e këtij regjimi barbar solli izolimin e vendit, kolektivizimin, zhveshjen e shqiptarit nga prona që asht e shejtë, vumja në jetë e ndarjes së popullit në klasa deklasimi,

penetrimi i spiunazhit tek individi, familja, shoqëria, mbjellja e frikës, arma ma e rrezikshme që komunizmi pruri në jetën e shqiptarit që ia nxiu jetën. Në këtë situatë të krijume ndodhej Shqiptari që s'kishte ka t'ia mbante. Burrat që ende rrezistonin vriteshin nga forcat komuniste të ndihmuara nga agjenturat e huaja që hiqeshin si përkrahës të lëvizjes për rrëzimin e pushtetit komunist që sa vinte e forcohej. Kjo ishte atmosfera e asaj kohe të zymtë që sa vinte e errësohej. Bashkëshorti i Bajames, Hasani, kishte marrë malet duke lanë nusen me djalin Kudretin, i sapolindur. Ai endej nëpër male, herë në Greqi dhe kërkohej nga forcat e Sigurimit që të arrestohej. Kaloi nji vit dhe asnji shej shprese nuk dukej në horizontin e përpjekjes për përmbysjen e regjimit. Të arratisurit s'patën rrugë tjetër përveçse të iknin në Greqi dhe Jugosllavi, ku u vendosën në kampe gjoja për përgatitjen e tyre për të zbarku në Atdhe, që kurrë nuk u arrit, nji andërr shterp.

Regjimi kishte instalu nji model stalinist, siberian, që ishin kampet e përqendrimit. Aty u futën familjet e të arratisurve, dhe ata që shiheshin me syrin e urrejtjes çnjerëzore që ia kalon edhe bishës, që nuk dinë të urrejë. Kështu qe fati i shumë familjeve fisnike të kombit tonë, të cilat u shndërruan në viktima jo vetum si individ, por e gjithë familja. Dënim kolektiv, nji diskriminim i paparë.

Ky dënim kolektiv-bolshevik përfshiu shumë individë, familje e fise, ndaj të cilëve regjimi ateist u tregu i pa mëshirë. Ai donte t'i thente dhe poshtëronte që mos të ishin në gjendje ta merrnin veten edhe nëse ndonji ditë mund të jenë të lirë. Ky 'gur pendimi' u vu mbi secilin prej tyre dhe vazhdoi brez pas brezi, që kurrë mos ta çonin kokën; edhe nëse ndonji ditë mund ta ngrejnë kryt, por shikimin do ta kenë të shtrembër.

Nji prej tyre ishte Bajamja që tashmë kishte mbet vetum me djalin, se bashkëshorti kishte marrë arratinë dhe s'dihej se a do kthehej ma. Largim pa adresë. Kjo vështirësonte jetën e saj me djalë. Dihej se së shpejti do të grabitej nga forcat e Sigurimit, duke e mbajtur peng, ta dinte Hasani se po paguante çmim shumë të lartë. Ditët vazhdonin dhe pasiguria përshkonte qenien e saj të dërrmume. Çdo shikim hidhej me frikën se forcat e zeza të Sigurimit mund ta gllabronin në çdo çast.

Gllabërimi

Ishte herët në mëngjes. Retë kryeneçëse sikur nuk donin t'u jepnin rast rrezeve të diellit të përshëndesnin gjallesat, që në atë mot vjeshte kishin nevojë për ngrohtësi. Bajamja po merrej me djalin e saj që sapo kishte fillu të hidhte hapat e para në këtë botë pluhun. Ajo i mbante dorën djalit që ndihej i sigurt në prani të saj. Dukej se ata po praktikonin nji lidhje që kurrë nuk do të shkëputej. Në atë mjedis dashurie u dëgju zhurma e nji kamioni tip "zis" që afrohej te shtëpia e Bajames. Nuk vonoi dhe u ndal para derës së shtëpisë të Bajames. Nji ndjenjë dyshimi dhe frike i përshkoi të gjithë qenien e saj. Dhe ja, u ndal kamioni i mbuluar me mushama nga ku doli kryeplaku i fshatit i shoqëruar nga dy policë, secili ma i mrrolur se tjetri që nuk ia kalonin kryplakut të fshatit, i cili iu afru Bajames dhe si në ngërdheshje i tha me zanin e çjerrun: "Bëhu gati se do të shkosh atje ku e meriton, se mjaft ndejte këtu, ku je bërë e padëshirueshme dhe damkë e zezë për ne. Tani mos na humb kohë, shko e merr plaçkat që do të duhen për udhëtim të gjatë, që mos të kthehesh kurrë." Bajamja e pati të vështirë të hidhte hapat drejt të panjohurës që e priste. Kryeplaku i tha : "Shpejto se shokët e Degës së Brendshme nuk kanë kohë të humbasin me ty!"

Pjesëtarët e familjes dhe disa fqinj patën kurajo të afroheshin, por pa folur asnji fjalë, ashtu të shtangun shikonin me habi drithëruese.

Bajamja nxitoi të mblidhte ca nga plaçkat, mori pak bukë e nji matare- pagure italiane, me ujë. Këto ishin pajisjet për udhëtimin drejt të panjohurës që e priste.

U drejtu drejt makinës dhe hodhi shikimin te njerëzit që ishin aty pranë fizikisht, por të arratisur në botën e frikës që ishte ba bashkëudhëtari i tyre. Pamja e policëve të armatosur deri në dhambë sikur të ishin nisë për në betejë,e pritën me cinizëm duke e urdhëruar të hypte në kamion bashkë me djalin. Beteja e tyre ishte të shkatërronin shqiptarin me çdo mënyrë të mundshme. Bajamja me djalin hypën në kamion dhe nji nga policët mbylli mushamanë si dikush që mbyll thesin e nji maceje për ta hedhur që mos të kthehej kurrë më. Kryeplaku firmosi nji letër që ishte si fletëdalje malli, se kështu e konsideronin komunistët popullin, plaçkë në tregun e shkatërrimit. Policët u ndanë nga kryeplaku dhe hynë në kabinën e makinës, me 'ngarkesën' që do ta çonin në kamp përqendrimi.

Kryeplaku u tha të pranishmëve se "Kjo është partia jonë që i jep secilit atë që meriton. Njerëz të tillë e kanë vendin në kampe të përqendrimit, larg nesh që mos të na infektojnë"... asnji prej tyre nuk foli, secili u largu në heshtje me kokë ulur. Kryeplaku i fshatit ecte i krekosur me armën që mbante në sup duke e rras kapelen deri te veshët. Ai ishte kryeplaku, nji dembel, parazit, oportunist... ishte i gatshëm të bante çfarë t'i thuhej me bindje e pa mëshirë. Këta ishin ata që e sunduan popullin shqiptar.

Ndërsa familjarët dhe fqinjët e Bajames rrinin në heshtje të mpirë, makina që barte Bajamen me djalin e mitur po çonte pluhun në rrugën drejt Korçës, që zgjati nji kohë të gjatë sipas hamendjes. Për çudi vogëlushi nuk u ndie, sikur s'donte ta rëndonte gjendjen e llahtarshme të atij udhëtimi që adresa nuk i dihej. Bajamja e mbante në gji vogëlushin duke e përkëdhel në atë errësinë që mezi e shihte. Nanë e bir ishin ba si nji trup ku rrahnin dy zemra- nanë e bir që ushqeheshin nga i vetmi ushqim: dashuria. Kamioni vazhdonte të ecte, dhe herë pas here njëri nga policët kqyrte nga dritarja e vogël ku shihte me mllef nanë e djalë me nji zgërdhimje që natyra e nji krimineli mund ta bante me sadizëm, duke ia kalu edhe djallit. Nuk vonoi dhe kamioni u ndal diku ku u ndigju se po hapej nji portë...

U kuptu se ishte Dega e Brendshme e Korçës. Dolën të dy 'shoqëruesit' duke i lanë nanë e bir në atë gjendje ankthi, në mesin e tyre kishte vetëm djalin në heshtje, Bajamja i fliste dhe ai ndigjonte, kjo i jepte kurajo nanës. Nuk vonun dhe dikush hapi mushamanë e makinës për t'i pa se ç'kishin psonisë, si kasapi që shikon bagëtitë e sjella. Erdhi edhe dikush tjetër me ca letra në dorë që duket se ishin fletë- hymje e fletë-dalje për 'mallin' që kishin pru dhe do ta përcjellin për në destinacionin e caktum.

Njëri që dukej se ishte kapoja i tha njërit prej tyre që t'i linin të zbrisnin për të kryer nevojat personale. Të gjithë i shikonin me përbuzje që as bisha nuk e ka në natyrën e saj prej egërsire. Nuk vonun dhe u nisën për atje që Bajames nuk iu tregu. Si macja në thes... ecte makina nëpër Korçë, Bajamja s'e kishte pa kurrë dhe as tash s'e shihte... gjar-përonte makina nëpër rrugët e vështira, por ma e vështirë ishte rruga që i priste, kush e din se ku.

Makina vazhdonte rrugëtimin në shoqëri të zhurmës që bante, herë pas here ndigjohej ndonji bori... errësira e shumëfishtë shoqëronte Bajamen me djalë, errësina e makinës së mbyllur, errësina e natës, errësina e pasigu-risë, ajo kishte vetum nji dritë: djalin e saj që i jepte forcë e shpresë. Ndërsa Kudreti dremitej në gjumë në prehrin e nanës, Bajamja tretej në mendime që e godisnin në të gjitha anët. I shkonte mendja te bashkëshorti që s'dihej se ku ishte, dhe çdo bahej me të e ata. Në ato mendime e zu gjumi pas nji dite torturash shpirtnore dhe mendore dhe lutej që Zoti t'i jepte kurajë për t'i ba ballë të panjohurës që e priste...

Falë Zotit, nanë e djalë gjetën qetësinë e përkohshme në gjirin e gjumit që zgjati pothujse gjatë gjithë udhëtimit të mbetur.

Bajamen e zgjoi frenimi i fortë që bani shoferi. Kudreti hapi sytë dhe kur pa nanën i dha vetes për t'u ngrit. Njëri prej policëve tha: "Jemi afër Lushnjës, po pimë ndonji kafe ta shoqërojmë me një gllënkë fërnet..." Atëherë e mori vesht Bajamja se ku ishin, nji vend që s'e kishte pa, por vetëm ndigju, ishte shumë larg Korçës. Tha me vete: "Paskemi ecur drejt asaj që na pret."

Makina vazhdoi rrugën që nuk zgjati shumë, ku Bajamja ndjeu ngadalësimin e makinës që u ndal. U ndie hapja e nji porte hekuri e shoqnume me nji zhurmë të randë. Makina lëvizi dhe duke marrë kthesë të vogël u ndal.

Bajamja tha me vete: "Duket këtu qenka caku jonë... Zoti na ndihmoftë! Le të shohim çfarë na pret..."

E hapën mushamanë dhe u dukën si aktorë të nji skene tragjike ku rolet e tyre do të jenë të gjatë...

I urdhnun të zbrisnin, e mori djalin dhe zbriti ngadalë me trastën me rroba. Ishte e mpirë nga rruga e gjatë dhe e vështirë, ajo i dha vetes me kujdes. Siç po uleshin u afrun disa policë dhe nji oficer, ku secili dukej ma i zymtë se tjetri. Policët që i sollën i dhanë oficerit letrat e dorëzimit "të mallit" që ai i firmosi si të merrte në dorëzim bagëti. U drejtu duke u thanë: "Ja ku është vendbanimi juaj, ja ku po ju presin soji e sorrollopi juaj."

E hodhi shikimin te banorët e asaj skëterre, që i shiko-
nin me keqardhje. Nji nga policët i urdhëroi ta ndiqnin,
djali kishte mbet i habitur nga ajo skenë ku gjithë kohës
pa policët që pamja e tyre ia kallte datën të rriturit e jo ma
nji fëmije të mitur.

I dërgun në nji barakë që ishte ma e mbajtur sesa
barakat e të tjera që shtriheshin përpara. Vendbanimi i
të internumve politik. I thanë se ku do të shkonte duke
e shoqëru nji punonjëse civile që s'e kishte fytyrën më të
mirë se policët.

Duke hedhur hapat drejt vendit të caktum njerëzit e
'sojit' të saj politik e shikonin dhe dikush tha: "E gjora
qenka e rraskapitur fare, paska edhe çilimi. Zoti e ndih-
moftë!" Nji burrë plak iu afru djalit me buzëqeshje duke
e përkëdhelur, djali uli kokën sikur ishte në pritje të asaj
përkëdhelje atërore që s'e kishte përjetu.

Bashkëpunim i natyrshëm

Dikush shkarpa, dikush krane,
secila ishte zemër nane,
me ndihmu gjithmonë në gara…
për kah e mira gjithkush e para.

Zonja Bajame kur kyt e pa,
tha me zemër:
"Ja Allah!"
Si pendët e krahut u bashkun,
me këtë shpirt mbijetun.

Bisedat që ruj me nji nanë të vujtun,
që t'ia la harresës asht e pamujtun.

Në kamp refugjatësh ato ditë kalonim,
me mall e dhimbje të dy bisedonim…
Por ajo nanë me hallet e saja,
vujtjet e saj ishin ma të mëdhaja…

Në librin e dhimbjeve sikur lexonte,
fjalët e saj me lot i shoqëronte.

Në rrudhat e fytyrës me përtesë përshkonin,
me " gjuhën" e tyre halle tregonin…
që ndoshta nji ditë për to të shkruhet,
e drita e atij shpirti mos të shuhet!

Amanetin që ajo nanë e ka lanë,
vujtjet e saj nji ditë me u thanë.

Hyrja në kampin e përqendrimit

Me kyt shpirt u prit zoja Bajame me djalin e saj, shokun e vujtjeve, nga të internumit që ishin katandisë në atë vend trishtus,dikush ma herët,dikush ma vonë. Ata ishin nga të gjitha viset e Atdheut,të cilit i shërbyn me besnikëri gjatë gjithë jetës së tyre. Por dora e horrit i kishte gllabru dhe syrgjenos në atë mjedis të llahtarshëm, ku Bajames i ra për hise. Gatishmëria e tyre e natyrshme ia lehtësun barrën e dhimbjeve Bajames, por dhe djalit të saj që nuk kuptonte se ç'po bahej . Shoqet e saj u afruan për të dhanë ndihmën e mundshme. Dikush ndezi zjarrin, dikush solli ujë, dikush pruni ca rroba për djalin dhe Bajamen që të pastroheshin në vendin e caktum si "lavanteri ". Shoqëria e atyre zojave që ndonëse jetonin në atë vend skëterrë, prapëseprapë ruanin shpirtin e pastërtisë, dhe zojllekut që i karakterizonte të gjitha. Kjo i shastiste horrat komunistë, që nuk lanë mënyrë pa përdorë për t'i thy dhe shkatërru. Ky ishte qëllimi shkallmues. Beteja në mes mirësisë dhe të ligës...kurrë nuk pushon së ekzistuari.

Bajamja i falenderoi të gjithë për ndihmën që ishte burim kurajo për t'i ba ballë vujtjeve kolektive. Pasi u lanë dhe pastrun disa nga zojat prunë çarçafë dhe këllëfë që ishin të vjetër, por të pastër. Përgjegjësia e kapanoneve,ishte nji gru me ftyrë mashkulli të keq, që i tregoi se ku e kishte vendin dhe dyshekun të mbushur me byk. Ndonëse ishte nji ambient skëterrë mbahej pastër sipas mundësisë që kishin ato burrnesha, të cilat vinin nga familje fisnike. Por kështu iu ra për pjesë, e kjo jo pa qëllim. Kjo ishte dora komuniste që nuk njeh burrni as fisnikri.

Bajamja me djalë shkuan te dysheku ku vendosën pak plaçka që u dhanë nga shoqet. Djali i vogël shikonte sa në nji anë sa në anën tjetër të atij ambienti,ku do të kalonte ditë, muaj, vite. Ai nuk ishte i vetëm.

Ai dhe të gjithë të tjerët u banë si nji familje gja që i ndihmoi të mbijetonin në ato kushte shtazarake, duke u shoqnu me cinizëm, sarkazëm , përbuzje, fyerje… që janë me bollëk në fjalorin komunist.

Nuk vonoi dhe ra këmbana, nji pallë plugu, që sinjalizonte kohën për gjumë.

Bajamja shkëmbeu   shikime dhe përshëndetje të përzemërta me shoqet përreth që u banë kojshi.

Pasi hangrën diçka që i dhanë zojat, rehatoi djalin që ishte lodh dhe dërrmu. Në atë atmoferë e zuni gjumi në krahët e nanës, që nuk zëvendësohet me asgja tjetër. Dhunti nga Allahu.

Ra nji qetsi si hije vdekjeje, ku të internumit grumbullonin energii për t'i ba ballë ditës së re që e priste edhe Bajamen. Jetë e rëndume nga zinxhirët e vujtjeve që s'kanë të sosur.

Nënshtroi vujtjet

Hallet, sikletet, Bajamen rrethonin...
"Qëndro o zonjë!"-sikur i thonin...
"Pa dëshirën tonë të gjendemi pranë,
'ustallarët' e të ligës, urdhën na kanë dhanë.

E ti o Bajame që në këtë siklet të kanë fut,
kur ndizet zjarri .... fajin s'e kanë drutë.

E për hekurin që në kullë rrahet,
pa prush, goditje... çelik nuk bahet.

Durim, kambëngulje... prej teje pritet,
në kullë të vështirësive njeriu kalitet!

Kur në kullë me forcë hekuri rrahet,
fajin s'e ka 'çekiçi' që nga 'ustai' mbahet!

Hallet e vujtjet të pavdekshëm të bajnë,
'ustallallarët' e mizorisë hesapet do t'i lajnë.

Në zjarr që ndezën do të digjen shkrumb e hi,
fitimtare e vërtetë do të jesh vetëm ti!

Edhe nëse me forcë ta ulin kryt,
në horizont të shpresës do të shikojnë sytë!"

Dita e parë

Ra këmbana e zgjimit si nji klithmë djalli. Nuk vonuan dhe u ngritën njerëzit e rraskapitur sikur të ishin mbi susta….në atë gjysëm errësire dukeshin si kufoma në ecje të daluna nga dheu. Dulën jashtë në heshtje sikur të kishin dhanë fjalën se nuk do të flisnin… Bajamja e pa atë skenë të llahtarshme që e la shtang për disa çaste, por edhe ajo u ngrit si për inerci. Nuk dinte se çfarë të bante me vogëlushin që ende dremiste në gjumin e botës së pafajësisë.

Atij dhe të tjerëve si ai u ra për pjesë të baheshin banorë në atë moçalishte fiziko- shpirtnore ku mbretnonte vuajtja dhe trishtimi. Në atë ambient do të rritej Kudreti i pafajshëm,në Atdheun e tij; burg tmerri komunist.

Bajamja e la djalin ashtu siç banë shoqet e tjera me vogëlushët e tyre që tashma ishin mësu me refrenin e sikletshëm….

Disa zoja të vjetra i hodhën shikimin dashamirës që i dhanë me kuptu se ato do të kujdeseshin për ta. Ato ishin të paafta për punë, ndaj u ishte dhanë mundësia për të ndihmu vogëlushët e kampit famëkeq. Prania e tyre ishte mirësi për ata fëmijët të mitur që u ngjanin qengjave të lanë pas nga nanat e grahura nga "çobani" i pamëshirë. Bajamja u hodhi shikim mirënjohës atyre grave sojnike që kishin rrit burra, e sot po baheshin kurban nga dora mizore komuniste.

Bajamja e la djalin siç banë shoqet tjera. Pranë saj ishte nji shoqe që quhej Gjelinë, ajo po ecte me hapa të shpejtë, ktheu kryt nga shoqja përbri që po e ndiqte çap pas çapi, sikur po i mësonte udhën e panjohur.

U grumbullun burra e gra pa asnji zhurmë te nji barakë që ishte kuzhina e të internumve. U vunë në rreshta si fishekët në karikator,secili mbante në dorë gavetë për ushqim.

Ushqim i thënçin … kazan i madh me grosh që nëse dikuj i binte ndonji kokërr do të ishte me fat, ajo shoqërohej me nji racion bukë e fortë si tullë, që për ta ishte ç'të haje… uria asht oreksi ma i mirë.

E morën shoqet e Bajames gjellën që e hanin me lot e pikëllim.

Mandej i erdhi radha asaj që ende nuk kishte sahan-ga-vetë. Iu afru kazanit që tundej nga trazimi i garuzhdes që mezi kapte ndonji kokërr si gjujtja peshk,si të qëllojë….

Polici e pa se nuk kishte gavetë dhe i tha: "Ku do ta marrësh gjellën ? Në grushta?"

Bajamja i tha se ishte e re dhe nuk kishte gavetë, ia hodhi shikimin polici me vrazhdësi që kallte tmerr dhe i tha "Merre këtë gavetë!" Kur e pa Bajamja atë gavetë, sahan i thënçin, si nji gjysë helmete gjermane që nuk kursehej, nji shtresë si me ndryshk. Po eja e mos e merr! U largu dhe pa e pa xhelati,e hodhi në tokë, hangri vetum bukën. Nji nga shoqet i tha se kishte nji sahan për të.

E mori Bajamja "gjellën" e parë të atij udhëtimi trisht-tues që nuk i dihej fundi, por s'ishte e vetme.

Nuk vonuan dhe u vunë në rresht për të marrë udhën për në punë. Secili kishte nga nji lopatë të randë. Bajamja pa humb kohë pyeti për veglën e saj, sikur të kishte dëshirë të madhe për atë që e priste. E shikoi Gjelina dhe i erdhi mirë që shoqja e re dinte t'i hedhte hapat në atë rrugë mizore. Ia dhanë veglën, por bishti i saj ishte prej shkoze i pagdhendur si duhet, ashpërsinë e të cilit duart e saj do ta pësonin… Ashtu të rreshtum burra e gra u nisën për te vendi që i priste, kanali i kënetës nga i cili dilte za vdekje dhe pamje trishtuse.

Ndërsa Bajamja me shoqe po ecnin, ajo mendonte për djalin që e la fjet, por i tha vetes se nuk asht vetum, dhe ndiente se ato zoja do ta kishin kujdes. Kudreti u zgju dhe pa se nana nuk ishte aty, u vrejt pak,por sikur e mori veten kur pa se nuk ishte vetum. Aty kishte fëmijë të tjerë që iu afruan sikur donin t'i thonin se jemi me ty. Kështu filloi jeta e Kudretit, që s'i dihej fundi. Zojat e moshume dhanë kontribut të madh në kujdesin dhe rritjen e tyre. Ato nuk ishin dado kooperative ose ferme që u banë ma vonë në çerdhet komuniste, ku prodhun "njeriun e ri". Llahtari shoqërore!

Kështu veprun këlyshët e Moskovit duke i vu shqiptarit "Gurin e Pendimit" duke e vu në zgjedhë të vujtjeve që s'kishin mbarim, brez pas brezi…Enveri me shokë i dhanë fjalën regjimit Stalinist se do të banin ç'ishte e mundur për ta skllavëru shqiptarin, që askush s'ia arriti të ia bante. Ata mbollën tmerr dhe mizori në popull duke i lidhë me prangat e frikës. Në këtë ritëm makabër vazhdonte jeta kudo në Shqipëri, e sidomos në kampet e përqendrimit.

Ndërsa Bajamja me shoqe punonin në thellësi të kanalit të shoqnum prej synit të policit me fytyrë xhelati, asaj nuk i hiqej mendja nga djali që e kishte lanë në kamp në shoqërinë e burrneshave që kujdesoheshin për vogëlushët me njerzillek të kultivum në shkollën e fisnikrisë të cilës i rrinin besnik. Herë pas here fliste me Gjelinën, u shkonte muhabeti, ndonëse të reja në shoqëri. Mosha dhe vuajtjet i bashkonin në atë ambient sekelldie, që kishte nevojë për ndonji muhabet, ndonëse me shkëputje, lehtësonte atë barrë të randë që iu ra për pjesë.

Gjelina e bukur siç e quanin shoqet në kamp, ishte prej Malësisë së Epërme të Shkodrës. Ishte rreth të njizetave si Bajamja, por jeta e randë kishte lanë ndikim të madh në qenien e saj rinore; por bukuria kishte rujt diçka për vete, siç run bujaria në botën e saj që kurrë nuk humbet. Gjelina vinte prej dyerve fisnike si atje ku ishte bijë ashtu dhe aty ku ishte martu.

Ata kishin ba emën të mirë me veprat e tyne. Kurrë nuk u pajtun me sistemin komunist që i kishin shpallë luftë, si shumica e shqiptarëve. Për këtë qëndrim po paguanin fatura të mëdha, nji prej tyne ishte edhe vuajtja e Gjelinës. Ajo i tregoi Bajames se si e kishin marrë peng, se bashkëshorti i saj me vllazën kishin dalë në mal për të luftu sistemin që besonin se nuk do ta kishte të gjatë, nji naivitet që e pagun shtrenjtë. Ashtu siç ishte edhe halli i Bajames me shumë të tjerë....

Gjelina i tregoi se si e morën prej Malësisë dhe e dërgun në Shkodër, ku syni i kurvënisë dhe dora e xhelatit e shoqnonte kudo, deri edhe në andërr.... Kishte frikë se mos e përdhunonin horrat komunistë. Lutej vazhdimisht që ta runte Zoti. E kishin fut në nji dhomë të vogël dhe herë pas here vinin hetuesit si çakajtë, duke i thanë se të kemi fut në kafaz, moj fllanxë mali. Prania e tyne krijonte pasiguri dhe dihej si mund të ndodhte. Ajo ishte nji betejë në botën e saj të brishtë. Dita e parë kaloi në ankth dhe frikë që hetuesit kishin mbjellë në qenien e saj të pambrojtun. Secili prej tyre donte ta kishte në hetim...

Të nesërmen në mëngjes erdhi nji djalë rreth të tridhjetave me nji fytyrë që ishte gjynah të ishte pjesë e asaj makine shkatërruese komuniste. Por çdo gja ka qëllimin e vetë në jetë. Shikimi i tij i dha nji ndjesi mbrojtjeje. E pyeti nëse ishte bija e filanit, Gjelina si e çlirume i tha po. U largu me shikimin e tij dashamirës. Ai ishte prokuror, dhe me marifetin e tij bani që të caktohej nji hetues që ai e shihte të arsyeshëm për ta hetu. Hetuesi filloi me pytjet e tij që i shoqnonte me britma që të jepte me kuptu ashpërsinë e tij në hetim, që nuk kishte asgja për të hetu nga ajo e pafajshme. Gjelinës nuk po i besohej se ç'po i ndodhte.... I dukej se ishte andërr.

Pyeste veten: "Kush janë kta njerëz, pse m'nimojnë mu? Çfarë kërkojnë prej meje...?"

"Nuk shkun shumë ditë dhe më prunë këtu të lodhun, por shyqyr pa më vu kthetrat e përdhunimit." Për shumë kohë Gjelina nuk arriti të dinte rreth atyre burrave që e mbrojtën nga ajo kasaphanë komuniste. Ajo kuptoi se kudo ka njerëz të mirë, dhe jo të gjithë punonjësit e atij regjimi satrap ishin të ligj. Ata ndihmun ku ishte mundësia. Kjo asht urtësi hyjnore. Shumë ma vonë e kuptoi në heshtje Gjelina se prokurori i ri atëherë, ishte ndihmu diku, njiherë nga baba i saj. Kjo asht kur mirësia bjen në dorë të burrnisë, nuk humbet kurrë. Gjelina nuk i harroi, ndonëse nuk i pa kurrë ma. Bajamja dëgjonte Gjelinën siç dëgjonte ajo Bajamen. Njohja në botën e sikleteve, lehtësim për banorët e saj. Ditët e ngarkume kalonin me vujtje si në përtesë, sikur shkrimi i dëshmive të tyre, kërkonte ngadalësi dhe përtesë.... Të gjitha këto në kurriz të të internumve....

Ndërsa Bajamja dhe Gjelina bisedonin gati si në heshtje, biseda që shërbenin si ushqim shpirtnor e psikologjik, Bajamja përfytyronte me dhimbje e shqetësim djalin e saj me fëmijët e tjerë që tashma ishin ba si fëmijët e nji familje. Vogëlushët e gjorë lunin në oborrin e vujtjes dhe nuk ishin në gjendje të përfytyronin e jo ma të kuptonin udhën ku ishin, të cilës nuk i dihej përfundimi.

Punonin të internumit në kanalet e moçalishteve nën tutelën e frikës që kanosej nga xhelatët e regjimit komunist. Dhe pothujse flisnin fare pak me njëri-tjetrin. Detyra e tyre ishte realizimi i normës të caktume, realizimi i së cilës nuk ishte i lehtë aspak; dhe mos realizimi i saj sillte peripeci në jetën e tyre të vështirë. Bajamja vazhdonte punën në thellësi të kanalit, por mendja e saj rrinte te Kudreti, i cili sillej në oborrin e habisë, por ai nuk ishte vetum në atë ambient shkatërrues ku ishin syrgjynos njerëzit më të mirë të shoqërisë shqiptare. Ata ishin katandisë si plaçka pa vlerë dhe inventar. Vazhdonte ritmi i punës që tingëllonte si muzikë makabër.

Bajamja e ngrinte lopatën e rëndume që mezi i jepte krah në atë lartësi që me vështirësi arrihej, jo veç prej saj. Edhe Gjelina e të tjerët ishin në duel me vështirësitë që duheshin pushtu, por prania e njëri-tjetrit i ndihmonte të mbartnin peshën e randë që kishin. Në punë e sipër Gjelina hodhi vështrimin kah kampi ku i shkun sytë te nji karrocë që mezi tërhiqej nga kali i dobët, sikur ankohej pse i kishte ra për pjesë të shërbente në atë vend dënimi, e sikur thonte edhe mu më kanë internu …ajo ishte karroca e ushqimit. Ja priti Gjelina me gjysëm zani; "Ja po na vjen voji i kandilit…" Bajamja e kuptoi se ku e kishte qëllimin shoqja e saj. Nuk vonoi dhe mbrrini ushqimi i cili ishte tund si qumështi në tpi-dybek. Nji nga xhelatët i ra nji palle që shërbente si lajmtare për pushim… u grumbullun të gjithë rreth karrocës për të marrë atë pak ushqim të nji cilësie të dobët. Kështu ishin katandis paria e Shqipnisë, që dikur ushqenin të vobektit me bujari, e sot ishin shndërru në vorfanjak, të lidhun për nji kothere bukë.

Nuk vonuan dhe e mbarun ushqimin që për urinë që kishin iu vinte ma shijshëm se mishi i dashit, që kishte mbet si andërr, 'na ishte nji herë.'

E kapërdinë atë gjellë i thënçin, duke ia hedh shikimin njëri-tjetrit sikur donin t'i jepnin kurajë shoqi-shoqit për të qëndru; kjo shprehje vllaznore ishte nji prej ushqimeve kryesore të qëndresës së tyre, në atë vend vuajtjesh në çdo rrafsh të jetës.

Pasi e mbarun atë gjellë të pështirë u shtrinë për pak çaste në barin e bregut të kanalit që u duk ma i butë se dyshekët me kashtë. Nuk vonoi dhe klithi polici si za trishtus, që të fut lemerinë: "Mjaft pushuat, ngrihuni dhe filloni punën e cila duhet kryer sipas normës së caktuar."

U hodhën në kanal si rosat që zhyten në pellg, i cili ishte shndërru si bashkëudhëtar i tyre.

Vazhdun gërmimin me tonin e vujtjes të shoqnum me hijen e randë të atij vendi që ishte ba burg i hapur për njerëzit e pafajshëm.

Dielli po i jepte lamtumirën ditës dëshmuese, e asaj dite që mbarte me vete vuajtje që nuk iu ndanë gjatë ditëve në vijim.

U nisën për në kamp duke bartë veglat e punës që ishin ba si gjymtyrë ; ashtu të rreshtum u nisën për në kamp. U gzu Bajamja që po kthehej për të taku djalin, të cilin e kishte lanë vetum për shumë orë. Megjithëse e dërmume prapëseprapë ndiente kënaqësi, se prania e djalit ishte furnizim energjie dhe dhanie shprese.

U lëshun fëmijët kah nanat e tyre sikur nuk ishin pa për shumë kohë. I përqafun dhe përkëdhelën me durtë e tyre, që ishin ba si shoje këpucësh nga kallot e formume.. por dora e nanës asht përherë e butë dhe e ngrohtë, dhe prania e fëmijës asht dritëdhanëse e frymëzuese.

Bajamja e shikoi të birin në sytë e tij që shprehnin shkën-
dija shprese... i dha nji të puthur që ishte ma e ambël se
mjalta, ma e kandshme se era e maragjylit, ma e lehtë se
flladi pranveror; kjo e siguronte djalin e gjorë që si të tjerët
ishte struk në guackën e mjerimit që Zoti e dinte se ku e
kishte fundin.

Lëviznin të internumit nëpër atë vend si vathë, ku
përshëndesnin njëri-tjetrin me shikimin e dashurisë dhe
fisnikrisë njerëzore, por të pakta ishin shkëmbimet e
fjalëve dhe dukej se ishin të shtrejta, sikur shqiptimi i tyre
kërkonte çmim të paarritur....

Nuk vonoi dhe ra këmbana e pallës që tashma ishte ba
refreni i vujtjeve të tyre, klithjet e saj binin si çekan në
kokë. Hangrën darkën; nji garuzhde çaj me nji copë bukë
të fortë si tullë që për ta ishte e shijshme.

Nuk shkoi shumë kohë dhe sërish refreni i pallës për
gjumë. Hynë të gjithë si delet në vathë. Secila u shtri në atë
dyshek kashte dhe gjithkush hyni në botën e mendimeve
dhe kujtimeve që herë pas here vinin si mysafirë, dhe u
largonin sikur lenin pas ftesën e shpresës...

Bajamja u shtri duke pas vogëlushin e saj që e mbante
pranë me përkëdheljet e dashurisë nanë. E ajo u zhyt në
prozhmin e dendur të vujtjeve që s'i dihej fundi. Nuk
vonoi e zu gjumi që asht nji prej begative më të mira që
Allahu i ka dhanë njeriut; pushim dhe largim vujtjesh
edhe nëse për pak kohë.

Kjo ishte nata e parë e asaj dite në atë moçal fizi-
ko-shpirtnor që u shoqnu nga shumë ditë, netë, ku secila
ishte nji hallkë zinxhiri që rëndonte përherë e ma shumë
në botën e vujtjeve të përjetume me dhimbje, lot e agoni...

Kështu u përshkun ditët, netët dhe vite në vargun
e vujtjeve që i thithte energjitë të internumve, por edhe

popullit, i cili po i pagunte shtrejtë faturat e vendosura nga regjimi gjakpirës që po e çonte vendin në shkatërrim.

Individët dhe familjet e internume në kampet famëkeqe të përqendrimit u banë damkë e zezë në historinë tonë që brezat të tana e pagun me të shtrenjtën jetë, që për regjimin enverist nuk kishte asnji vlerë. I gjithë populli u shndërru si plaçkë në pazarin komunist.

Nuk lanë asgja pa përdor këlyshët e Moskës për të dërrmu qëndresën e popullit të gjorë, që rënkonte nën thundrën e torturave fiziko-shpirtnore e cila sa vinte e rëndohej. Po kush pyste, e kuj i bahej vonë? Regjimi komunist punonte për llogari të Marksizëm-Leninizmit. Të gjitha këto, përshkonin mendjet e të internumve dhe popullit në përgjithësi. Bajamja me shoqe vazhdonin jetën e tyre me kurdisjen e sahatit të mizorisë që regjimi e kishte saju. Nuk u mbetej tjetër të internumve veçse të numronin ditët... që shumë kuj nuk i binte ndërmend numërimi... se të gjitha ditët ishin njisoj në mbartjen e vujtjeve. Nji jetë e tillë linte pak vend për shpresë, por besimi në Zot asht burim i pashterun i shpresës që besimtarët nuk e humbin kurrë. Kështu ishte Bajamja me shoqe.

Çilizmi komunist

Sistemi shkatërrus komunist vuni në jetë me fanatizëm ateist të gjitha mekanizmat me ingranazhet shkatërruese që të shkallmonte përbamjen e shoqërisë shqiptare, e cila ishte e shqume për kompaktsinë dhe harmoninë e saj.

Kampet e përqendrimit kishin për qëllim të asgjë-sonin parinë e vendit, duke i përulë dhe thy, gja që nuk kishte ndodh kurrë ma parë. Se kur ulet koka i gjithë trupi ulet...e thehet. Por çfarë ta ban i joti nuk ta ban i huji. Të internumit nuk ishin qëllimi i vetum komunist, por mbarë populli duke e robëru me prangat e frikës.

Metodat që ata përdorën ishin direktiva staliniste, shkatërrim që solli halle të pa riparueshme,fatura që po paguhen e do të paguhen nga brezat në vijim.

Kalvari i vujtjeve nuk kishte mbarim, vujtje fizike, psikologjike e shpirtnore....

Në atë ambient të ndotur po rritej Kudreti i vogël.

Bajamja vazhdonte jetën në shoqërinë e banorëve të kampit që përbahej nga mosha të ndryshme të prumë nga të gjitha trojet e Atdheut, që ishin shndërru si kufoma në ecje. Kampet e përqendrimit ishin si rezervate eksperi-mentale të metodave bolshevike.

Në atë ambient rrëqethës vijonte Bajamja me të tjerët udhëtimin e ngarkum me vujtje që kishin për qëllim shurjen e shpresës, të cilën banorët e kampeve s'e lanë të shuhej. Secili prej tyre ishte shndërru në nji shkëndi në kandilin e shpresës.

Në mesin e shoqeve të shumta ku mirësia ishte bash-kërenditësi i mbarëvajtjeve së tyre ishte nji zonjë nga Çamëria, megjithëse në një jetë mizore, e ruante shprehjen e fisnikrisë së saj. Ajo si shumë vëllezër e motra nga Çamëria ishin dëbuar me dhunë nga forcat barbare shoviniste greke të dirigjume nga kasapi Napoleon Zerbas, që nuk lanë gja pa përdor për arritjen e pastrimit etnik, krime të llahtarshme.

Shumica e vëllezërve dhe motrave Çam erdhën në Shqipëri duke besu se erdhën në tokën e tyre, Shqipërinë zyrtare, e cila kishte ra në kthetrat komuniste, jo ma pak të rrezikshme se barbarizmi grek. Zonja çame që tashma kishte nxanë shoqni me Bajamen të cilave iu shkonte muhabeti gjithmonë me doza të caktume, i tregonte Bajames se ç'kishin heq, të zijtë e ullinit nga forcat shqiptare që në vend t'u ndihmonin i pritën me përbuzje dhe dhunë, duke i qujt si të pabesë "çam hesapi- Çam,çam, pa din e pa iman" Kjo shprehte mllefin që regjimi komunist e mbolli... asht siç u ndërmor qasja e tillë ndaj vllazënve dhe motrave të Kosovës, duke i qujt të pabesë, spiunë...

Të gjitha këto i dëgjonte Bajamja më keqardhje duke shpreh dashuri ndaj motrës çame me të cilen kishin shoqëri të çiltër si me Gjelinën e të tjerat që u banë si familje. Ky ishte kampi eksperimental të cilin Enver Hoxha e instaloi dhe e vuni në jetë me fanatizëm ateist në Shqipëri në bazë të direktivave sovjetike. Ndërsa Bajamja fliste për atë motër çame humbiste shikimin diku larg në horizontin e kujtesës, sikur i shihte ata vëllezër e motra që tashma ishin ba aktorë në skenën e kujtesës që i ndau me mu.

Skenë trishtuese

Dukej sikur ditët dhe netët ishin vu në gara se kush dëshmon hallet e tyre ma shumë, se edhe nata dëshmonte rënkimet dhe drobitjet e tyre.

Ra këmbana e zgjimit që i përngjau ulërimave të ujqërve të uritur në nji natë dimri acar. Të gjithë të internumit kërcyn nga shtretërit e tyre si pulat prej kaçorreve të turitun nga dhelpna dinake. Dolën jashtë pa bza,ku panë se nata ishte ende në fuqi.Nuk foli askush, nuk vonoi dhe klithi njeni prej policëve që iu erdhi si gjamë vdekje dhe zije.

-"Ejani pas meje, merrni edhe fëmijët!" Vazhdun udhën mbas tij dhe policët e tjerë i shoqnonin të armatosun sikur shkonin në front lufte, por fronti i tyre ishte populli i shkretë.

Ecnin me hapin e frikës dhe pasigurisë... u gjendën në prag të portës kryesore të kampit. Aty ishin rreshtu kamionat me mushama, u dhanë urdhër të hipin...U rrasën në kamiona si dhentë në shtrungë. Diku qante ndonji fëmijë, e diku fshante ndonji plak. U duk se nuk kishte mbet njeri pa ardhë. Kjo i habiti të gjithë, por nuk u bante përshtypje të madhe, se habija dhe e paprituna ishin refren i jetës së tyre.

U nisën kamionët rus, 'zis e gaz' për kah udha që dihej vetum prej xhelatëve komunistë. Vazhdun rrugëtimin për disa kohë, dhe qe, u ndal kolona dhe u dha urdhni të zbrisnin. U gjetën në sheshin e qytetit të Lushnjës, në atë qytet ku "Kongresi i Lushnjës" u zhvillu nga ata burra, ku sot fëmijët, nipërit, mbesat e tyne po shihnin llahtari. U urdhnun të nxinin vend rreth atij sheshi duke lanë nji hapsinë në mes. Nuk vonoi dhe erdhën disa policë, prunë nji grup të burgosun politik që mbanin disa shtylla druri, i hodhën në vrimat e gatshme ku u formu trekandshi, që u kuptu se dikush do të varej në atë mëngjes dëshmus. Ishte koha ku nata po jepte përpëlitjet e saj të fundit dhe sikur i thonte ditës në pritje, eja shiko se çfarë bahet.

Fillun të vinin njerëzit e "lirë " të lidhur me pranga frike, që kishin ardhë gjoja "vullnetarë" me policë...

Por ç'e don se 'vendet e mira' për të pa atë skenë i kishin lanë për të internumit,sikur donin me i nderu në "llozhet " e atij teatri komunist. Ato vende ishin pozicione frike, tmerri dhe nënshtrimi.

Ata i kishin sjellë për të pa nji nga burrat kreshnikë, që luftoi me heroizëm kundër regjimit komunist, me shpresë rrëzimin e tij. U ndi nji zhurmë e nji xhipsi sovjetik që ishte i mbushun me policë, mbas tij erdhi nji kamion i vogël tip gaz, sovjetik, prej ku nxorën nji burrë me trup të vogël, por luan në të parë, ai ishte Hamit Matjani, burrë që e dhuroi jetën për hir të lirisë, me shpresë që ajo të vijë nji ditë.

Rahmetlia u kap në befasi nga tradhtia e atyre që gjoja ndihmonin shqiptarët për të përmbys regjimin satrap që ata e kishin kurdisur, por Shqiptarët me naivitetin e tyre e besun. Ata u banë kurbanë për hir të regjimit ateist. Shumë burra ranë viktima të kësaj pabesie që nuk asht e panjohur në histori.

E ngritën si nji plaçkë të pavlerë dhe e vunë pranë litarit që tundej nga era sikur ishte hidhru nga ajo skenë trish-tuese. I thanë "thuaje fjalën e fundit, o armik i popullit." E hodhi shikimin burrnor si shqiponja në kresht të lirisë, ngriti kryt që s'e uli kurrë, xhelatët mendun se shikoi vjegsen e litarit, por iu drejtu Krijusit: "të Zotit jemi e tek Ai asht kthimi ynë!" Duke e ngrit zanin që ta dëgjonin të pranishmit dhe mos të humbnin shpresën. Me atë shikim përshkus tha: "Rroftë Shqipnia dhe e vërteta, poshtë komunizmi!" Ia vendosën vjegsen e litarit në qafê që mbajti atë kokë krenare që mos të përulej kurrë, xhelati bishë me fytyrë njeriu i ra me shkelm karriges që mbante atë burrë besnik që u fliju për hir të Allahut dhe Vatanit. Se dashnia për Vatan buron prej Imanit.

Kishte ra nji heshtje që fliste me gjuhën e saj, e vështrun të pranishmit me shikim keqardhës, kishte prej të pranishmëve që e kishin taku dikur, nji herë… të paktën. Ndërsa servilët dhe hipokritët gërthitën: "Vdekje tradhtarëve" …. E gjitha skena torturuese psikogjike bahej për t'i thy vullnetin popullit që u ba viktim e regjimit enverist me direktiva sovjetike.

Kthimi nga pamja mënxyrë

U urdhnun të internumit të hypnin në kamionët që i prisnin. Të internumit ishin të ndarë nga pjesa tjetër që mori pjesë në atë skenë të llahtarshme, ata shoqëroheshin nga policët që s'ua ndanin sytë.

U larguan nga ai vend që dëshmoi nji nga krimet makabër të sistemit komunist. Ajo pamje iu ngeli të gjithëve në mendje sidomos fëmijëve, si nji kafshatë që nuk kapërdihet…. Ngjarja e asaj dite do t'i shoqëronte të gjithë në vijim e sipër të asaj jete skëterrë, që ishte ba "shkollë" vështirësie dhe vujtjesh për fëmijët, të cilët rriteshin të mpimë.

Vazhdonte ritmi i jetës që ishte në duel me qëndresën e tyre. Komunikimi në mes tyre ishte si heshtje dhe i pakët, por nuk mungonte; Kjo i jepte jetës nji farë gjallnie. Bajamja me Gjelinën shkëmbenin biseda, gjithashtu edhe me shoqet e tjera. Ajo kënaqej kur shihte fytyra që herë pas here vesheshin me perkun e buzëqeshjes, për të cilën kishin nevojë të gjithë. Në vëzhgim e sipër i bante përshtypje shkëmbimi i bisedave që ndonëse nuk i dëgjonte mes dy burrave , ku mësoi se njeni ishte Hoxhë e tjetri Prift. Kuptohej nga pamja e tyre se bisedat u shkonin mirë. Ata gëzonin respekt nga të gjithë, por shikoheshin me sy djallëzor nga policët që e urrenin të mirën.

Vazhdonin punimet që nuk kishin të sosur. Ishte detyra e të internumve të realizonin normën e ma shumë.

Kjo punë e randë me ushqim fare të dobët pruri dobësimin e shumë njerëzve, siç ishte Bajamja, sa vinte

e dobësohej. Ajo nuk kishte ndihmē nga askush. Çdo të
diel vinin familjarë nga anë e anës për të vizitu fatkeqët
e tyre. Ata sillnin ushqime sipas mundësive, gjithashtu
edhe kurajë që forcon shpresën. Ndërsa Bajames nuk i
vinte njeri; dukej se nuk kishte të afërmit që të merrnin
rrugën për tek ajo dhe vogëlushi; mungesë e madhe në çdo
pikëpamje të botës njeri. Ajo vinte nga largësitë e Korçës.
E kush t'i vinte? Ajo pothujse ishte e vetme, por prania
e djalit i jepte forcë që sa vinte e dobësohej. Shoqet e saj
nuk e lanë vetum, herë dikush, e herë nji tjetër e ftonin në
sofrën e bujarisë të natyrshme. Gjelina, që edhe ajo vinte
nga Malësitë e Epërta të Shkodrës, nuk kishte vizitorë të
shpeshtë, por kurdo që vinin me nji mijë peripeci, e ftonte
shoqen e saj burrneshë. Kjo lidhje i mbante të fortë në
ballafaqimin me vështirësitë që hasnin. Kjo asht bukuria
e jetës që njerëzit fisnikë dinë ta shprehin në çdo gjendje
dhe situatë. Për njerëzit me moral të shëndoshë, aftësi për
t'i ba ballë çdo halli, se çdo situatë ka qëndrimin e vet.

Banorëve të kampit të përqendrimit nuk iu ndanë
hallet e sikletet, që sa vinin e rëndoheshin në kurrizin e
dërrmum.

Dobësimi i shikimit

Zinxhiri i halleve dhe vujtjeve i të internumve sa vinte e rëndohej, gja që rezultonte në dobësimin e tyre fizik, shëndetësor dhe ushtronte presion në botën psikologjike-shpirtërore. Kjo barrë e randë binte mbi të gjithë, dënim dhe vuajtje kolektive që shkaktonte regjimi komunist me sadizmin ma të madh. Bajamja ishte nji prej tyre, e cila po e ndiente për ditë e ma shumë përkeqësimin shëndetsor sidomos dobësimin e shikimit që sa vinte e zbehej. Kjo e vështirësonte jetën e saj që ishte ba si plaçkë pazari pa inventar.... Filloi të shohë me vështirësi, gja që e shqetësonte, e kujt t'i ankohej e gjora! Shoqet e saj i jepnin kurajo dhe i thonin të ankohej tek eprorët, që ishin xhelatë dhe s'pyesnin për mirëqenien e tyre. Për ta, të gjithë banorët e kampeve të përqendrimit si dhe mbarë populli konsideroheshin thjesht si mekanizma për shfrytëzim maksimal. Për çudi ajo nuk ndiente dhimbje, por shikimi iu paksu, saqë e kishte të vështirë të ecte ditën, jo ma natën. Dukej se çdo gja po i bahej errësinë, natë.

Përgjegjësit e saj lajmëruan eprorët që s'e kishin hallin te mbarëvajtja shëndetësore e Bajames dhe të askujt tjetër. Ata donin që ajo të ishte në gjendje pune si vegël, dhe nëse ajo nuk kishte aftësi për punë, quhej parazite, domethanë e pa pranume. Komisioni Shëndetësor i kampit vërtetoi dobësimin e shikimit të Bajames aq sa ishte nevoja për t'i ndihmu dikush në lëvizje, gja që e ndërmori djali i saj, ai u ba udhërrëfyesi i nanës. Pas shqyrtimeve mjeksore të prira nga politika, u vendos që të dërgohej diku për shërim, që të kthehej sa ma shpejt në punë, sikur të ishte vegël e dërguar për riparim. Kështu vlerësohej shqiptari nga "shqiptari" satrap, që ishte e vështirë të besohej se ishin bijtë e nji kombi dhe vatani.

Për në kahjen e paditur...

Dukej sikur dita e re mezi merrte frymë dhe si me përtesë po merrte në dorë zgjimin e njerëzve të rëndum me halle që shoqërohej me djersë e lot, që u banë boja me të cilën shënoheshin vuajtjet e shqiptarit fatkeq që kishte ra nën zgjedhën e robrisë. Ra "palla " e zgjimit dhe në përgjigje të saj u ngritën të internumit pa ba za,u ngritën për të ndjekë hapat e udhës plot vuajtje, ushqim i përditshëm. Ndërsa ata baheshin gati për të dalë erdhën dy policë, njëri mashkull e tjetra femër, ngjanin si kufoma në prralla të moçme, u drejtun kah Bajamja, e cila nuk i shihte, por ndjeu praninë e atyre çizmeve të rënda që toka i kishte bezdi.

Bajamja e shtrëngoi djalin me durt e saja të dobta, por ngrohtsia e tyre ishte e pazëvendësueshme për vogëlushin e saj që u zgju. E shikun Bajamen me synin e tmerrit që bani të strukeshin të pranishmit që ishin rras në guackën e frikës. Dhe si me nji za thanë :- " Cila është Bajamja?" Banë sikur nuk e dinin, por ata i dinin dhe njihnin të gjithë, si çobani delet, se të gjorët ishin shndërru si kafshë në duart e bishave komuniste. Bajamja u përgjigj:" Unë jam Bajamja."- "Ah, ti qenke?"- I tha xhelati. –" Ngrihu shpejt dhe merre atë që ke pranë si dhe plaçkat e tjera."

Bajamja u ngrit, me djalin për dore u nis pas tyre, duke thanë me vete se kush e din se ku do të na degendisin kto të pa fe. Se kur nuk njohin Zotin, ku pyesin për robin. Kudreti që tashma ishte msu me kto manovra, shkoi pas nanës që ishin shokë të atij kalvari vujtjesh, vuajtje brezash....

Bajamja ndiqte çapat e policëve, dhe në ecje e sipër hodhi shikimin drejt shoqeve të saj që nuk i shihte mirë, por zemra e saj kishte ba vend të posaçëm për to sidomos Gjelinën, që kurrë nuk e harroi. Bajamja ecte në shoqëri të djalit që i printe për nga shkonin policët, ata i thanë të shpejtonte e mos t'u humbte kohë. Ecnin nanë e bir, i cili i tregonte se ku të vente kambën, në skenën e "kërcimit " të vujtjeve. Filloi djali detyrën e tij si ndihmës i nanës qysh në moshē të mitur. Leksione të shkollës në bankat e vuajtjeve, të cilat e kalisin njeriun.

U afruan te porta ku i priste nji makinë tip zis, sovjetik, e mbulume me mushama. Bajamja u afru për me hyp, por nuk shihte ku me u kap e ku me vu kambën. SubhanAllah, djali i saj u ba udhërrëfyesi, e kjo i jepte kurajo nanës, e cila megjithëse banonin në moçale kishte arrit të mbillte në qenien e djalit dashuri dhe kujdes që zhvilloheshin çdo ditë e ma shumë, ndonëse në ato kushte shtazarake. Kjo asht nana që rrit e edukon burra.

Kalaja e Tepelenës

Hypën nanë e bir e disa të tjerë në makinë, secili ishte ma i rraskapitur se tjetri. Makina si zakonisht ishte e mbulume me mushama, jo për t'i rujt nga era e ftohtë, as nga shiu e dielli, por nuk donin që të shihnin as të shiheshin nga askush...Ata shoqëroheshin me policë të mbërthym me armë.

Vazhdoi kamioni udhën për nji kohë të gjatë ku secili "pasagjer" i terrorit kishte hy në botën e mendimeve, secili në udhën e tij, të gjithë s'bashku në rrugën e sikletit; ndërsa Kudreti rrinte pranë nanës sikur i thonte: " Mos u mërzit, ja ku jam."

Befas makina mori nji të përpjetë dhe s'vonoi e u ndal. Policët zbritën dhe bisedun me dikë, pastaj hapën musha-manë ulën sponten e fundit për të shkarku "mallin" e sjellë, të gjithë zbritën, Kudreti u mundu t'i ndihmonte nanës me krahun e tij të njomë, por u desh dikush nga pasagjerët t'i jepte ndihmën e duhur për të zbrit. Kjo ishte gjendja e Bajames që u soll në atë "vend shërimi". Ishte Kalaja e Tepelenës, llahtari në vetvete.

Nji plak pasagjer i udhëtimit të errët tha me za të ulët,- (Po, po, jemi në Kala," ai kishte përvojë në kto endje torturash fizike-shpirtërore. I dëgjoi Bajamja kto fjalë dhe tha me vete: "o bobo ç'na polli...a ky është vend-shërimi jonë?" shtoi ajo.

U pritën nga disa policë që ngjanin si varrmihës, ku nënshkrun nji letër "fletëhyrja" e 'mallit' të prum.

Gërthiti njëri nga policët: "Ejani pas meje për në vend-shërimin tuaj që të bëheni të aftë për t'u kthy në punë, se vetëm për atë jeni ju!" Bajamja e shoqnume me djalin që s'ia hiqte dorën, vazhdoi ecjen në atë sokak kalldremi, gjurmë historike, dhe çdo hap i saj hidhej me ndihmën e djalit që u ba prijësi i saj.

Bajamja u urdhnu të hynte në nji dhomë i thënçin, e cila kishte tavan të lartë dhe dy frengji të vogla, që as koka e vogëlushit nuk futej dot. Ishte nji prej qelive ku u përjetun vujtje dhe tortura... ajo ishte dhoma e spitalit....në muret e saj dukeshin gjurmët e hallkave të dikurshme, Ali pashë Tepelena lidhte rivalët e tij. Krevati ishte si ndonji rrasë guri që ishte vendos prej kohës që Zoti e din se sa kohë kishte... Bajamja u ul me djalë, në atë vend ku po i takonte të shihte shumë .... për nji moshë të njomë. Po ku pysnin anmiqtë e njerëzimit.. u mbyll dera prej hekuri nga xhelati si me inat, me fytyrën e tij të ngërdheshur, që për Bajamen ishte ma mirë mos ta shihte atë mënxyrë. U largu gardiani që mbante nji numër të madh çelësash në dorë, e i dukej punë e madhe. Pasi Bajamja u siguru se polici u largu e pyeti djalin:-" ku jemi o bir?"

Kudreti i tha me fjalorin e tij fëminor se: -" Jemi në nji dhomë të madhe, me pak dritë."

Mbas pak kohe erdhi mjeku, i cili mbante në dorë nji çantë të vjetër prej lëkure, dukej si nji postier. Polici që e shoqëronte i tha të shihte Bajamen çfarë ka që të kthehej atje ku partia e kishte dërgu.

Mjeku iu afru Bajames me njerzillek duke mos lanë në nji anë përshëndetjen ndaj vogëlushit. Mjeku bani vizitën e duhur dhe me çfarë pa, konstatoi se ajo nuk kishte ndonji sëmundje, por dobësimi i shikimit vinte nga mungesa e të ushqyerit... I tha ato fjalë mjeku gati si në heshtje që shfrytëzoi rastin e largimit të gardianit ogurzi. Pra, vazhdoi mjeku "ti ke mungesa të theksume vitaminash… Unë shtoi ai "do të mundohem të të ndihmoj, por mos harro se nuk je e vetmja në këtë vend…" Ndërsa mjeku fliste me pacienten, polici që nga ku ishte i tha: "Shëroje shpejt këtë plaçkë e ta ndreqim sa më parë, e ta nisim për pazarin e kërkuar…."

Mjeku e kuptoi qëllimin e injorantit, por ai bani punën e tij në mënyrën ma të mirë të mundshme në atë atmosferë tmerri. Pasi mbaroi vizitën i tha sërish se kishte nevojë të theksume vitaminash… Bajamja e mori vesht këshillën e mjekut, i cili i dha disa vitamina që ishin në mungesë të theksume. Ai tha se "tani është kohë perimesh dhe nëse të krijohet mundësia të konsumosh sa më shumë domate." Bajamja e falenderoi mjekun mjaft njerëzor, i cili u largu duke përkëdhel vogëlushin. Nuk vonoi shumë dhe sollën edhe disa gra të tjera në dhomë ku u duk sikur u shtu ma shumë dritë. Ato kishin nevojë për njena-tjetrën. Subhan-Allah, prania e tyre solli bereqet në shoqni, ato zonja vinin nga familje të mëdha dhe jo shumë larg nga ku ishin të syrgjynosura. Ato kishin vizitorë të shpeshtë, se si ia arrinin nuk e kuptonte Bajamja, por i shkonte ndërmend se gjithkund ka njerëz të mirë….ndonëse në heshtje, siç ishte mjeku….

Ato ngulën kambë që Bajamja të merrte pjesë në ushqimet që silleshin nga të afërmit e tyre, ku domateve iu vu theksi. Mjedisi shoqëror që patën solli mirësi ku edhe djali e ndjeu. Bajamja filloi ta merrte veten dalëngadalë.

Kujdesi i mjekut burrë, ndihma dhe përkrahja nga banorët e burgut, ku bujaria ishte në kulmin e saj dhe mbi të gjitha besimi në Zot që i rregullon punët ma mirë se ne mendojmë, banë që Bajamja ta merrte veten shumë mirë.

I erdhi shikimi për të pa edhe nji herë si duhet. Nuk ka gja ma të shtrejtë se mendja e shëndoshë me trup të shëndoshë!

Zemra e Bajames gufonte nga gëzimi që ndiente se tashma ishte në gjendje të shihte të shtrejtin e saj që kishte kohë që nuk e shihte mirë me sytë e ballit,por vetum me sytë e zemrës. Ndiente kënaqësi se iu dha mundësia të shërohej, por disi iu prish në brendësi, kur mendoi se shërimi i saj ishte kthim në kanalet e kënetave, ku do ta priste i njëjti fat. Ajo dhe të tjerët si ajo konsideroheshin si vegla pune që riparohen e vehen në jetë sërish deri sa të zhduken.

Por sërish nji ndjenjë e brendshme ia tërhoqi vëmendjen, duke i thanë: "Bëhu falenderuese dhe ki besim se ndoshta do të dalë më mirë. Mbaje shpresën gjallë!"

Ndërsa këto mendime rrahnin botën e saj, klithi nji za si ulërimë ujqërish të uritur në nji natë ku mbretnon acari.-"Ku është Bajamja me këlyshin e vogël?" Kto fjalë të asaj qenie të dobët ia përshkun zemrën Bajames që i dha nji dridhje si purteka në ujë të ftohtë. " Unë jam"- tha Bajamja që e mori veten, se ajo po mësohej si t'i bante ballë vështirësive edhe në heshtje….

"Bëhuni gati!" Bërtiti pjella komuniste, se atë edukatë kishin. "Se tashmë je bërë e aftë për të shkuar te vendi që të pret," tha ai. "Mjaft me konvaleshencë!" -përfundoi xhelati. Kjo ishte mënyra si silleshin ata me njerëzit, duke u drejtu me shprehje që binin si tokmak mbi njerëzit e shtypun e të tupitun, të ndrydhun në guackën e frikës policore, që mbillte tmerr e terror te njerëzit e robrum. Bajamja u ba gati dhe ashtu siç ishte i hodhi shikimin kalasë që tani ishte në gjendje ta sodiste për pak çaste atë vend historik që dëshmoi rrjedhë të jetës të shqiptarit. Muret e kalasë të zhveshura, e diku aty-këtu të mbulume me myshk, përngjanin me rrudhat e njeriut të vujtun për shumë kohë. Atje poshtë gurgullonte lumi Vjosa që shërbente si refren i muzikës të dirigjume nga historia.

Bajamja me djalë u banë gati për udhëtim, që nuk i dihej adresa. Para se të largoheshin i përshëndeti dhe falenderoi të gjithë ata që e ndihmun me çfarë kishin, po mos të ishin ata dhe Zoti që krijon sebepet do të ishte i vështirë përmirësimi i saj, duke mos e harru mjekun burrë. U afrun te makina me mushama dhe u banë gati për të hy në atë thes endjesh....Bajamja e ktheu kokën nga ai vend ku kaloi ditë e netë e shpesh në agoni në udhën e shërimit, nën kujdesin njerëzor, ndonëse në heshtje të mjekut që as emrin nuk ia diti. Asht Allahu ai që shpërblen të mirat me mirësi. U largu makina e shoqrume si përherë me policë.... për ku, nuk kishin haber...

Makina mori teposhtën e Kalasë në atë ambient të vrazhdë dhe rrëqethës megjithatë, la mbresa të mira te të sëmurët disa prej të cilëve ishin struk nën mushamanë e makinës që tundej si karrocë me bostanë...

Bajamja kishte nxanë vend në anën e spontes së djathtë, e pranë saj kishte vogëlushin, i cili u ba shok vujtjesh e sikletesh. Secili kishte ra në heshtje... Nuk shkëmbenin asnji fjalë, se në mes tyre ishte nji polic që dukej si gjysëm i fjetur, kishte rras kokën në jakë të kapotës, si pula kryt nën krah...dukej se secili ishte zhytur në botën e vet. Bajamja kulloste në kujtimet e saja në udhën plot vujtje, dhe i shkoi mendja te këneta, ku kishte shoqet e saj të dashura si Gjelinën e të tjera, ishin ba si familje. Ndjeu kënaqësi teksa përfytyronte takimin me to, megjithëse e dinte çfarë e priste... prapëseprapë kishte kënaqësi që po i takonte sërish në atë vend kontradiktor, në nji anë vend vujtjesh, dhe në anën tjetër vend ku vllaznimi dhe mirësia delte në pah. E po, kështu e ka kjo jetë...

Me kto mendime në kokë ra disi si në kllapi duke pasë djalin mbështetur në prehër të saj, jastek dashurie prindërore.

Me hamendje kaloi shumë kohë se asnjeri s'kishte orë, dhe ashtu papritmas u ndal makina që shkundi të shkretët si kunguj që ishin tupit në atë kafaz errësire. Polici u ngrit që ishte me ta si gjeldeti i shpuplitur ku dëgjoi shokët e tij që i thanë se kishin arrit në destinacion.

Kur të ngratët zbritën, panë se ishin në nji vend tjetër jo në moçale, para tyre shtriheshin kodrat palë-palë dhe atje ma tutje panë vargmale, ku ma vonë e morën vesh se ishin diku që quhej Zall-Herr, në afërsi të Tiranës. Kjo e vërtetë i shqetësoi të gjithë se prisnin të takoheshin me njerëzit e dashur për hir të Zotit. U urdhërun të grumbullohen dhe para tyre qëndronte nji oficer si gjeldeti i fryrë nga mend-jemadhësia dhe ashtu me sy të zgurdullum u tha: "Tani jeni në Zall-Herr, këtu"-shtoi ai, "ju pret punë e madhe dhe e domosdoshme që duhet ta kryeni me përpikëri!"

Ashtu i krekosur iu drejtu njërit prej policve duke i thanë "merri këto plaçka" dhe veni aty ku duhet." Me shikimin e tij të hidhur tha: "Ç'i ke ato letra në dorë? Nuk ka nevojë për fletë hyrje-dalje, kto janë "mall pa inventar" përfundoi xhelati.

U urdhërun të ndiqnin policin që iu prini për në vendbanim, ishin baraka si në kampin e mëparshëm, i njëjti sistem, i njëjti dajak...Në ecje e sipër Bajamja hodhi shikimin kureshtar rreth e përqark dhe sikur tha me vete kur do të jemi të lirë ta shijojmë jetën si duhet. Ashtu në mendime tha: "O Zot, Krijuesi jonë, nuk di shumë, por një gjë di se besimin te Ti e kam të patundur, na bë që një ditë të jemi të lirë e ta shijojmë jetën me gjuhën e lirisë! E atë ditë e di veç Ti." Mendimet dhe lutjet ia ndërpreu klithja e policit që kishte vu duart në ije, i dukej vetja si "Bonapart" i vogël, me atë za të çjerrun iu tha të pranishmëve: " Ja, po ju vijnë shokët e kallëpit tuaj!" E ç'të shihnin, burra e gra duke zbrit prej kodrave të vumë në rresht që dukeshin si turra drush në ecje. Ata uleshin prej kodrave të ngarkume me dru. Ndërsa dielli po zbriste në anën tjetër duke i dhanë lamtumirën ditës që hyni në vargun e përshkum prej vujtjeve që përjetonin të internumit.

Bajamja hyni me shoqet e saj në barakën e caktume në vendet e caktume si grazhd lopësh. Nuk vonun dhe hynë shoqet e tjera që sapo ishin kthy nga puna rraskapitse. Po kush pyeste për to!

Pas pak ra këmbana për bukë, e njëjta klithje, e njëjta gjellë. Më pas hynë në vendet e caktume në kapanonet e banimit dhe ashtu të lodhun u shtrinë, ra nji heshtje që kishte për shoqni rënkimet e të lodhurve që ia dorëzun veten e tyre natës.Bajamja e hodhi shikimin përreth, nuk u habit nga ajo që pa se tashma ishte me përvojë në botën e vujtjeve…pranë saj ishte nji vajzë e gjatë që dukej se ishte rreth të tridhetave, por ma vonë mësoi se nuk ishte ma tepër se njizet e nji pranvera!

Përshëndetën njëra-tjetrën me shikime miqësore, gjuha e përbashkët, sikur vajza e re u gjallnu, si bateria në karikim e sipër… fytyrë e re, shikim i ri për në rrugën e njohjes, dhe u duk se vajza ndjeu kënaqësi që u shpreh nga sytë e saj të kaltër, që edhe pse e rraskapitur nga jeta që bante…nuk kishin humb shprehjen e mprehtësisë në atë botë hallesh….

Bajamja e shikoi me syrin e dashamirësisë dhe i tha ngadalë: "Këtu të paska rënë fati….?"

Me kto pak shprehje i uruan natën e mirë njëra- tjetrës. Vazhdonte rrjedha e kohës si erozioni që grryen dalënga-dalë … fillun të njihen gjatë punës që ishte ba si ushuja gjakpirse.

Në biseda e sipër Bajamja e ndigjonte vajzën që mori vesht se ishte nga Kosova, e cila filloi t'i tregojë rreth vetes duke i shoqru fjalët me lot, gja që preku Bajamen në thellësi të qenies së saj. Bajamja e shikoi çikën Kosovare me dashuri që i dha nji farë qetësie dhe i ndritën sytë sikur lulja e vyshkur gjallërohet pas ujitjes…

Në bisedë e sipër, gjithmonë me za të ulur, e pyeti Bajamja shoqen e re: " Po ty ç'të solli këndejza…?"

Vajza filloi t'i tregojë se ajo vinte nga Kosova, dhe kishte ikë me të vllanë që ishte ma i madh në moshē. "Ne si rini u shpëlamë trush nga propaganda e regjimit tuej që besum se jetonit në parajsë, dhe të shtym nga sundimi jugosllav thamë se asht ma mirë të arratisemi për te "vllai i madh. Fatkeqësisht ne ikëm nga Rankoviqi dhe erdhëm të Enveriqi. Na kapën komunistat shqiptar me emën, si bishat prenë. Vllaun e futën në burg politik, që nuk di se ku asht... Në vend që të gjendnim lirinë e dëshirume, gjetëm shtizën e tmerrit." I tha këto fjalë vajza dhe sikur zani i saj u mbyt prej lotëve që rridhnin në faqet e saj të vyshkura dhe bashkoheshin në anët e buzëve, ku krijonin 'shëllirën' që shoqronte kafshatën e vujtjeve të kapërdime me zor.

Bajamja u mundu ta qetësonte shoqen e vujtjeve duke i thanë se "duhet të qëndrojmë dhe mos ta lëshojmë veten para këtyre bishave me fytyrë njeriu. Ne jemi viktima të pafajshme në duart e xhelatëve komunistë, të gjithë ku janë punojnë së bashku për të na shkatërruar." I shqiptoi Bajamja kto fjalë që mos ta mbante veten do të shkrehej në vaj… mirëpo përvoja e saj e kishte kalit si zjarri dhe çeliku nga goditjet…

Kto biseda e shoqnonin Bajamen kudo deri edhe në prag të gjumit, dhe thonte: "hajde se ne jemi këtu, po kjo e gjorë ç'deshi këtu!"

Vazhdoi Bajamja udhëtimin në botën e mendimeve që kurrë nuk pushojnë. I tha vetes: "Ah moj ti, po kush ia del me të menduar?" – "Jo askush"- iu përgjigj nji za i mbrendshëm. Por vetum me besim në Zot e durim. U soll e pështoll në pellgun e mendimeve si varka nga dallgët e ujit të trazum dhe në fund nxen vend diku…ashtu nxunë vend mendimet e saja, nuk vonoi dhe ra në gjumë, prehja e vetme.

Ra këmbana e zgjimit. E njëjta klithmë që kishte përjetu në kampin tjetër. U ngritën të gjithë më të njëjtin ritëm. U rreshtuan te kuzhina e bame me thupra e ngjeshur me baltë, si kasolle lopësh. E hangrën ushqimin që mbante nji erë si vaj peshku, por për ta ishte si mjalti me mazë,kaj-mak. U vunë në rresht për punë si qet që mësohen me shku vetë te zgjedha e kulari. Instinkt skllavërimi….

Secili kishte nji copë litar dhe sëpatë që ma të trashë e kishte tehin se qytën.

Bajamja pa humb kohë kërkoi litarin dhe sëpatën sikur e kishte marr "malli "për të dalë në pyll për dru… I mori dhe vazhdoi udhën duke pas pranë vajzën nga Kosova që mezi ecte në atë tatëpjetë e shpesh rrëshqiste në atë baltë të kuqe. Po kush pyeste….!

Arritën te vendi ku prisnin drutë shumica e të cilëve ishin shkozë, me të cilët ngroheshin komunistët në zyrat e tyre ku thurnin plane djallëzore për shkatërrimin e fisnikris shqiptare. Ata punonin për llogari të bolshevizmit….

I prenë drutë dhe i banë si barrë kali, i ngarkun mbi kurriz, që i mungonte vetum "samari".

U nisën teposhtë si kollona kufomash në ecje, të shoqrum me policë të armatosur. Ecnin të ngratit të ngarkum dyfish: vujtje shpirtnore dhe fizike. Ecte Bajamja mbas motrës kosovare që i dridheshin kambët si purteka në ujë të rrahur nga era e ftohtë. Bajamja e pa shoqen që pothuajse po rrëzohej për tokë. I tha me zërin e dashurisë : "Mbahu moj motër, mos e lësho veten!"

Ofshau vajza dhe ra në nji gju, polici e pa dhe gërthiti: "Ngrihu shpejt, se po pengon të tjerët" por më kot, ajo mezi lëvizte, dhe në vend që t'i ndihmonte desh i ra me qytë të pushkës, ofshau çika, Bajamja iu afru për t'i dhanë dorën. Ajo disi i dha vetes dhe u ngrit për të ecë…. Shkonte sa në nji anë në anën tjetër…Bajamja u mundu t'i hiqte ndonji dru nga ngarkesa dhe ta mbarte vetë, e pa polici dhe u vërsul si skifteri duke i ulërit Bajames: "Ah,ti do t'i ndih-mosh shoqes tënde? Shumë mirë, tani merri të dyja ngar-kesat që shoqja jote të lirohet." Bajamja nuk kundërshtoi, por i mori të dyja ngarkesat. SubhanAllah, sikur Zoti i dha forcë, dhe kurajo. Se energjitë e njeriut të çiltër dalin kur vullneti thotë fjalën e vet.. U nisën së bashku dhe vajza nuk kishte me çfarë ta shpërblente Bajamen veçse me nji buzëqeshje të dalë nga shpirti. Kjo ishte lidhja e tyre që i mbante bashkë.

Kollona vazhdoi udhën derisa arritën në kamp ku gjetën fëmijët që u sulën drejt nanave të tyre të lodhura e të rraskapitura, por prania e fëmijëve për to ishte si qumështi i zanave për Mujin e Halilin.

Kështu vazhdoi rrjedha e kohës në atë vend vujtjesh ku mbretnonte litari dhe sëpata.

Intrigat dhe terrori komunist

Sistemi komunist i instalum në Shqipëri solli vujtje dhe llahtari.

Nuk u la metodë dhe mënyrë djallëzore as dhunë pa përdor saqë edhe shejtani ua ka zili. Të gjitha kto u ndërmorën që ta thenin dhe përulnin shqiptarin duke e fut nën zgjedhën e robrisë fiziko-shpirtërore. Enver Hoxha e siguroi sundimin e tij djallëzor duke ndjek metodat ma shtazarake për shkatërrimin e popullit që nuk kurseu asgja për t'ia arrit atij qëllimi, duke e shndërru shqiptarin në "qenie imituse". Shqiptari mbeti haru si preja në mes të grabitqarve.

Enver Hoxha i lujti letrat e bixhozit të tradhtisë duke lujt me fatin e shqiptarit.

U hap lajmi se qeveria e Enver Hoxhës ka shpallë amnistinë për të gjithë ata shqiptarë që ishin arratisë dhe jetonin në vendet fqinje...

Kjo amnisti përjashtonte Mbretin Zog dhe njiqind personalitete që konsideroheshin të rrezikshëm për regjimin. Ky ishte nji kurth ku shumë shqiptarë ranë pre e naivitetit të tyre. Ata kishin kohë që endeshin poshtë e lart nëpër kampe që gjoja përgatiteshin për të përmbys regjimin që ai në fakt mbrohej prej fuqive të huaja. Ata ishin shndërru në lojë në tregjet e kumarxhive të Europës tinzare, që për Shqiptarët s'i jepnin pesë pare. Burrat shqiptarë që ishin në ato vende pa shpresë, mendun për amnistinë që po afrohej nga regjimi komunist. Ata ishin

mërzit në sorollatjet e servirura shterp të qarqeve ndër-
kombëtare që gjoja ndihmonin forcën rrezistuse për
përmbysjen e regjimit, që ishte lojë e sajume. Nji pjesë e
tyre mendun dhe vendosën të kthehen në Vatan. Nji prej
tyre ishte edhe Hasani, bashkëshorti i Bajames, i cili ishte
tret nga vujtjet e mërgimit. Vendosi të kthehej si 'zogu i
gjembave' që për të arrit te fruti i dëshiruar pranon shpi-
min prej gjembave për të shijuar lëngun e dëshiruar, për
të cilin asht i gatshëm të flijohet.

Largimi nga kampi i përqendrimit

Bajamen e thirrën në zyrë me nji ton disi të butë. Por ajo tha me vete: "Ujku qimen e ndërron, por vesin nuk e ndërron." Shkoi Bajamja si me gjysëm zemre në zyrën e komandantit të kampit, i cili ia priti pa hy mirë në zyrë: "Ka vendosur partia dhe shoku Enver që të ju liro-jë,e të shkoni në nji vend tjetër, ku është caktuar për ju." Kaq tha komandanti me fytyrë pa gjallni. E urdhërun ta merrte djalin i cili e ndiqte në heshtje. U thanë t'i merrnin plaçkat, por ç'të merrnin? Të gjitha rrobat ishin të vjetra dhe të arnume saqë ishte e vështirë t'u dallohej origjinali i tyre.Kjo e vërtetë nuk i bezdisi nanë e bir. Randësi kishte të delnin prej atij vendi ogurzi. Bajamja u përshëndet me të gjithë që kurrë nuk i harroi. Përqafoi motrën kosovare të cilës i uroi largim të shpejtë nga ai vend. Njeriu nuk zotnon asgja në kyt jetë përveçse kujtimeve që janë bash-kudhëtar me të kudo e kurdoherë. U largu Bajamja me djalin që ishte rritë goxha, me nji letër që ia dhanë për ta dorzu në Degë të Brendshme të Elbasanit. Shikoi se mos gjente ndonji mjet rasti, por më kot, askush nuk i merrte se të gjithë shoferët i iknin marrjes së njerëzve nga ai vend. Siç i thonë 'largoju sherrit dhe merrja kangës.' Bajamja me djalë u dhanë kambëve me frymën e lirisë që nuk e besonin se ishte e vërtetë. I tha vetes "o budallaqe, shijoje lirinë sa ta kesh, e pastaj Zoti e di fundin."

Duke ecë me djalin që kuptonte mjaft mirë i tha se ne do të takohemi me babin, Kudreti s'e përfytyronte dot takimin me të, i dukej si andërr. E shtrëngoi dorën e djalit, shokut të vërtetë që u rrit në vujtje e sakrificë, u brumos për t'i ba ballë vështirësive të jetës që ka të papritura. Ecën nanë e bir për nji kohë të gjatë që s'e ndien fare, ma në fund arritën te "Stacioni i Komunikacionit", nji ndërtesë e lanë mbas dore. Aty nuk kishte garanci për gjetjen e ndonji mjeti me orare të caktume, vetum mjete rasti, si të qëllojë....

Pritën për nji kohë të gjatë, por më kot, vinin kamionët e tipave sovjetike që shkonin në destinacione të ndryshme. Frynte erë e ftohtë që të thante dhe të përshkonte deri në palcë.

Në pritje e sipër erdhi nji kamion me mushama, Bajamja tha: "Ja ku na erdhi edhe nji nga ata të udhëtimeve të llahtarshëm…"

Bajamja me djalë iu afrun kamionit nga ku zbriti shoferi, nji burrë i mbajtur me nji shikim miqësor, që po shkonte në Elbasan, por nanë e bir nuk ishin të vetmit që donin të shkonin atje. Bajamja iu lut t'i merrte, shoferi hodhi shikimin te djali dhe veshja e tij varfanjake,i bani përshtypje që e shtyni t'i thotë Bajames,

"Po moj motër ejani." I ndihmoi të hypnin në makinë të mbulume me mushama, por ndryshe nga të tjerët që kishin pas përvojë të hidhur. Shoferi u tha të zinin vend pranë kabinës, dhe ai shkoi në stacion për të rregullu dokumentat. Pasi erdhi për t'u nisë pyeti Bajamen se ku do të ndaleshin në Elbasan. Ajo s'kishte haber për Elbasanin, por i dha letrën e kampit, shoferi kur e pa, kafshoi buzën dhe tha; "eh, e kuptova." I shikoi me keqardhje dhe u nisën për rrugë…. Vazhdoi udhëtimi drejt të panjohurës, që për nanë e bir ishin ba refren i jetës plot vujtje. Makina ecte në zig-zaget e qafë Krrabës dhe mori teposhtën në Elbasan, ku era e Shkumbinit të thante. Arritën në qytet ku u ndal shoferi te nji ndërtese e vjetër karshi kalasë së Elbasanit, që kishte mbet pas dore, shoferi u tha të zbritnin për ku do të merrnin rrugën për në Degë të Brendshme që nuk ishte fort larg. Ai u tha se " është më mirë të ju lë këtu se nuk u dihet hafijeve." Bajamja e kuptoi burrin fisnik se punët kishin ndryshu, shqiptari po tjetërsohej dhe po dilte nga natyrshmëria e tij burrnore. Ajo e falenderoi shoferin dhe i zgjati dorën për t'i dhanë pak të holla që kishte, por ai zotni jo që nuk pranoi t'i merrte, por nguli kambë që t'i jepte diçka djalit. Ishte hera e parë në jetën e tij që dikush po i jepte peshqesh. Ky veprim i shoferit tregoi se burr-nia ende e thonte fjalën e vetë. Nanë e bir e falenderun atë zotni që kurrë nuk e harrun. U nisën për në Degë të Brendshme, emri i saj të kallte datën…

Vazhdun udhën nanë e djalë dhe nuk vonun u gjendën para derës së hekurt të Degës së Brendshme të Elbasanit, ku ruhej prej policit të armatosur. U afruan dhe i dhanë letrën e kampit, polici u tha të hynin brenda.

Kërciti dera e hekurt sikur donte të shprehte inat ndaj të pranishmëve. I thirri nji polic që dukej se ishte oficer,- dukej si ndonji palaço teatri, ai mbante në kokë nji kapele që ishte rras deri te veshët, e sytë i picrronte sikur kishte hangër kumbulla të tharta…."Ah,ti je Bajamja? Kur keni arritur?" - "Sapo arritëm" iu përgjigj Bajamja. -"Me se erdhët?" -Iu drejtu sërish. "Me makinë rasti"- ia ktheu Bajamja. Ashtu me shikimin e tij të vrazhdë u tha "Ejani me mua!" I çoi në nji dhomë gjysëm të errët, e cila ishte pranë portës kryesore, pranë burgut…. I la në atë vend që mezi ndriçohej nga nji kandil i vogël, që ma shumë nxirrte tym se dritë. Ndejtën në atë dhomë për disa kohë si të shqetësuar, dhe nuk dinin se çfarë i priste. Bajamja sikur e pyeste veten edhe në emër të djalit: "A thua me gjithë mend do të vijë Hasani, apo është ndonjë lojë, intrigë?" Ndërsa ato pytje i përplaseshin në mendjen e saj u ndie se dikush erdhi te dera që u hap nga nji polic, mbas tij ishte nji burrë që mezi dallohej nga drita e zbehtë. Mirëpo, zemra e Bajames ia kaloi syve të saj, se sytë e zemrës shohin ma mirë e larg se sytë e ballit. Ajo e kuptoj se ishte Hasani të cilit i bani polici me dorë që të hynte.

E mbylli polici derën dhe e la skenën e zhvillimit të ngjarjeve të tre aktorve që do të luanin rolet në nji kapitull të ri ...

Hasani i përqafoi të dy me dashuri dhe mall të rezervum prej shumë kohësh e vujtjesh. Ndonëse dhoma ishte e zbehtë, por prania e tyre i dha dritë. U ulën të tre në atë dysheme që iu duk si tapet Persie dhe filluan të bisedojnë në prehër të dashurisë dhe besës, që kurrë nuk u venitën. Fjalët ishin të pakta, por kuptimi ishte i madh dhe i qartë. E përkëdhelte baba djalin, i cili e ndiente veten të sigurt në prehrin e dashurisë të prindve që s'fundi u bashkun. E kalun atë natë në parzmin e gëzimit, që nuk i la vend gjumit. Nuk vonoi shumë dhe erdhën e i morën të tre, ku kuptun se kishte zbardhë drita e ditës së re drejt nji rruge të re....

I dërgun në nji vend diku afër Elbasanit. U thanë se do të zinin vend në nji godinë të vjetër që dukej se ishte ndërtu prej kohësh, dukej si e lanë mbas dore. Ma vonë morën vesht se ishte përdorë nga Sigurimi i shtetit famëkeq, ku u torturun djemtë ma të mirë të kombit të akuzum si 'armiq të popullit.' Tani e kishte marrë Ndërmarrja e Ndërtimit, që ishte si shumë të tjera në sistemin gllabrus të yrnekut bolshevik. Aty do të fillonte punën Hasani. Hynë në hyrjen e caktuar për ta, që ishte si mos ma keq; muret e palyera, dyshemeja e thyme, ndonji xham i thyer, po mos pyet për "mobilje". Përgjegjësi i banesave që sytë i vidhnin sa andej-këndej, tha: "Kjo është banesa juaj dhe ruajeni mirë!"

E ndigjuan burrë e grua porosinē e komunistit dhe u erdhi për të qesh, por e mbajtën veten se e dinin mirë se çdo shej e xhest u shënohej... deri edhe vogëlushit iu duk habi, por nuk bzani sikur donte t'u mbante ison prindve, dirigjuesit e jetës së tij.

Përgjegjësi u largu, Hasani e Bajamja iu përveshën punës menjiherë. Filluan të pastronin, por me çfarë? Ndërsa ata po fshinin dyshemenë me disa dega pemësh u duk nji zojë që mbante në njërën dorë fshesën dhe në tjetrën nji kovë me ca rroba të vjetra për shtupë. I përshëndeti më buzëqeshje dhe ua dha. Ajo ishte nji prej banorëve të të njëjtit kallep, që quheshin të deklasuar.

E falenderun zojën dhe morën pajisjet për pastrim. Ata ishin komshinj në atë lagje të mbikqyrur nga syni djallzor që shprehte qartë erozionin grryes që sistemi komunist kishte ndërmarrë për shkallmimin e burrnisë Shqiptare. Iu vunë punës burrë e grua, punës nën hijen e dashurisë që ishte lidhja e pashkëputun në mes tyre dhe djalit që filloi t'i ndihmojë, mësimi i parë në shkollën familje. Hasani shkoi për të gjet gëlqere për ta ly banesën me nji furçë të sajume, që kreu punë për bukuri. Në të njëjtën kohë Kudreti i sillte nanës ujë që lante e shpëlante çdo gja që kishin. Ndërkohë erdhi bashkëshorti i zojës që solli kovë e fshesë dhe iu pruni ushqim, xhest që shprehte se bujaria ende delte në pah. U përshëndetën që të shiheshin sërish. Nuk vonoi dhe erdhën disa fqinj të tjerë, të cilët sollën çarçafë e ndonji shtrojë, të shoqëruar me dashamirësi.

U ngrys nata e parë në atë vend që dukej se merrte frymë disi lirisht, por çekani i pasigurisë iu rrahte zemrat që kërkonin qetësi. Ranë me fjet të mbështetur në jastekun e kënaqësisë. Diku larg ndihej ndonji lehje qensh, e diku ndonji marrsh makine, e herë pas here krisje patkojsh, në atë natë të ftohtë. Fjetën të mbulum me jorganin e dashurisë, ngrohtësi e pazëvendësueshme.

Filluan të këndojnë gjelat e parë që e banë Hasanin të zgjohej nga ajo orë hyjnore. Nuk vonoi u zgjua edhe Bajamja që ishte mësu me çrregullimin e gjumit...ndezi kandilin e dhuruar prej kojshive, ndezën flakakuqin me drutë e dhana nga nji fqinj tjetër, që iu kishte dhanë edhe ca ushqim. "Oh sa e shtrenjtë është bujaria që shpreh ndihmën vëllazërore," -tha Bajamja. "Po"- ia ktheu Hasani -"ajo është vatra e burrërisë." Nuk shkoi shumë dhe u zgju edhe Kudreti që u kënaq, se për herë të parë në jetën e tij u gjend në atë mjedis prindëror, gja që i kishte mungu që në lindje...

Hasani shkoi te vendi i punës që nuk ishte larg. Ishte ndër të parët nga punëtorët që arriti te vendi i caktum. Pas pak erdhën të gjithë punëtorët, shumica dërrmuese ishin të kallëpit të tij të mbledhur nga të gjitha krahinat e Atdheut që rënkonte nën thundrën mizore ateiste. Erdhi brigadieri, fjalë e re në fjalorin komunist dhe ia ndau punën secilit. Hasanit i tha të shkonte te vendi ku ngrihej nji mur, se ai ishte murator i mirë, zanat që e kishte mësuar kur ishte në kamp emigrantësh në ish-Jugosllavi. Zanati i din të gjitha gjuhët; ai kurrë nuk të len pa punë. Kështu do ta mësonte edhe djalin e tij.

Filloi puna me ritmin e shpejtë, se duhej realizu norma. Frynte nji erë që të priste si brisk i mprehtë dhe të mpinte gjakun, po ku pyesnin horrat komunistë. Ata kënaqeshin kur i shihnin në atë gjendje.

Vazhdun ditë,javë e muaj, secila mbarte me vete peshën e randë të jetës së vështirë. Punonte Hasani me zell e në heshtje, ku ruhej se mos ia ngjet dikush ndonji kleçkë, shpifje, pothuajse nuk fliste fare. I vinte keq të shihte shqiptarin që po tjetërsohej, po dilte nga natyrshmëria e tij historike.

Vërshonte koha në rrjedhën e saj dhe me të edhe njerë-zit; kush ma shpejtë, kush ma ngadalë, kush tu u rritë, e kush tu u mplakë...kush i gëzuar, kush i hidhëruar, "jeta ka vend për të gjithë"- thonte me vete Hasani, asht si porti që i pranon të gjitha anijet e të gjitha madhësive dhe ngar-kesave....Koha kalonte si në përtesë. Bajamja e Hasani e shikonin të birin me knaqsi duke shpresu se nji ditë mund të shijojë jetën disi ndryshe.... E kush e din përveçse Zotit?

Kudreti ndiqte veprimet e prindve dhe donte t'i ndiqte me kujdes si mësimet në shkollë. Ai nuk priste që t'i thonin të bante diçka, por kur shihte se çfarë duhej ba e ndërmerrte menjëherë. Nana e shikonte me vëmendje pa i dhanë me kuptu se po e shikonte, dhe buzëqeshte nën perden e heshtjes dhe kënaqësisë që prindi ndien për fëmijët e tij e që don t'i shohë mirë gjithmonë. Kudreti kur vinte nga shkolla ndihmonte rreth shtëpisë, dhe herë pas here shkonte me kazëm e litar për të nxjerrë ndonjë dru-cung që nevojiteshin për zjarr. Ndonëse ende i njomë ai nuk kursehej edhe në vështirësi, kulla e kalitjes, se nji fëmijë që nuk ndesh vështirësi do të rritet i llastum, dhe me imunitet të dobët për të përballu jetën.... Kudreti i ndërmerrte këto veprime dhe ndihej si i rritur, i burr-nuar. Kjo asht shkolla e farkëtimit të njeriut që e pushton të pamundurën.

Ai shkonte në shkollë dhe dallohej për sjellje të mira dhe në mësime. Mësuesit e donin dhe shokët e klasës ia kishin zili. Nji ditë kishte shkru dy paragrafë që ia tërhoqi vëmendjen drejtorit të shkollës që inspektonte klasën, u ndal, e lexoi shkrimin e Kudretit dhe i tha të lumtë, duke ia përkëdhel supet e vogla. Mësuesja u nxi në fytyrë si bijë komunisti oportunist që ishte, dhe kur doli drejtori, që ishte anëtar partie por jo komunist, i tha Kudretit: "Kot e ke, se vetëm kazma të pret." Ai e shikoi me synin e nji fëmije që po rritej në botën e sakrificës dhe u duk se nuk e befasoi qëndrimi i saj. Ai vazhdonte të mësonte sa ma shumë duke pas mbështetjen e prindve, sidomos të babës që ishte dashamir i leximit, e për Nanën që i kishte ra 'libri' i vuajtjeve, ajo i thonte dëgjoje babën. Librat kishin vend të posaçëm te Hasani, ai dëshironte që këtë qasje ta kultivonte tek i biri. Me mjeshtërinë e tij ai kishte ba nji raft të bukur ku Kudreti vendoste librat e tij, krahas disa librave që Hasani kishte mundur t'i gjente. Hasani i thonte të birit se në një shtëpi ku nuk ka libra asht si një koshere pa bletë.

Bajamja merrej me punët e shtëpisë dhe nuk kursehej të ndihmonte shoqet, sidomos ato ma të moshumet e të rraskapiturat…

Kaloi pothuajse nji vit që nga bashkimi i tyre, Zoti u fali një çupë që e quajtën Rudina. Lindja e saj pruni me vete ndjenja gëzimi të përziera me paqejflllek, jeta e tyre ishte e përbërë me trazime që nuk i linin të qetë. Por nji gja e dinin dhe besonin, se çdo gja asht në dorë të Zotit.

Hasani punonte me zell e mjeshtri dhe shumë të rinj përfitonin prej tij. Të gjithë e donin dhe respektonin, përveç smirëzinjve komunistë që nuk donin asgja të mirë. Urrejtja ishte ushqimi i tyre. Shpeshherë provokohej nga disa servilë dhe dembela, por ai ruhej me kujdes. I vinte keq të shihte këto shfaqje djallëzore që po kultivoheshin në shoqërinë Shqiptare. Ai e kishte kuptu mirë se ndiqej nga syri i Sigurimit. Kjo e shqetësonte, gja që e bisedonte shpesh me Bajamen si grua me përvojë dhe zgjuarsi të natyrshme. Ata e kuptonin se ishin si peshku në Rezervat që mund të peshkohej kur të doje ...Ajo e ngrohte me fjalë të urta dhe të qeta. Jeta vazhdonte me ritmet e saj të rëndomta, jetë pa bereqet, por duhej vazhdu si ka ba emër Zoti.

Kaluan dy vjet, plot punë e përpjekje dhe u fali Zoti edhe nji djalë që e quajtën Përparim.

Falenderuan Zotin dhe u lutën që t'i ndihmonte në jetën e tyre. Vazhdonte Hasani punën që i jepte kënaqësi dhe nji lloj qetësie dhe mundohej ta mësonte djalin në marrjen e zanateve. "Sa më shumë zanate aq më shumë mundësi jetese, me zanat nuk ngel kurrë pa punë, nëse njëri zanat nuk të duhet sot, mund të duhet nesër. Ata nuk kanë nënshtetësi, i flasin të gjitha gjuhët e botës dhe të bëjnë vend kudo në jetë. Të gjithë ta kanë nevojën...." Të gjitha këto ia thonte të birit me gjuhën e dashurisë dhe kuptimit, shkolla prindërore asht e pazëvendësueshme. Kudreti e ndigjonte me vëmendje dhe e ndiqte në punë ku shpesh shkonin bashkë, djali jepte ndihmën e tij dhe mësonte për sot e nesër, se kush e din se ku të gjen e nesërmja...

Kudreti nuk përtonte të shkonte me babën kudo që duhej, gjithashtu i jepte krahun e ndihmës nanës që merrej me rritjen e dy vogëlushëve. Shpesh mendonte për fjalët që i thonte baba herë pas here me marifet diplomatik prindëror dhe asnjiherë me arrogancë. "Të mësuarit në moshë të njomë e kalit njeriun për ndërmarrjen e jetës në pjekuni." Kjo s'i hiqej kurrë nga mendja.

Nji ditë po kthehej nga shkolla me çantën prej bezje të ujdisur nga nana, në ecje e sipër pa nji bari plak që po mbante nji sheleg të cilin e rrëzoi për tokë pa e damtu. Kudreti i tha: "Xhaxhi a mund të ju ndihmoj?" "Po"- i tha plaku "nëse nuk e ke bezdi." U afru Kudreti dhe bariu i tha: "Mbaje këtë kandil!" Ishte si nji kanaçe me nji çik vaj e nji fitil, plaku mori çakmakun ndezi fitilin, filloi të ia nxehte brirët e shelegut që ishin ende si kërc,(të njomë), ia përdrodhi si deshi dhe e la të lirë. Pastaj i tha djalit kureshtar: "E shikon se si veprohet, shelegu i ka brirët e njomë dhe mund t'i kthehen si të duash, por nëse vonohet ky marifet do t'i bëhen brirët kockë dhe do të jetë e pamundur t'i përdridhen brirët." Mësimet e hershme janë themeli i së ardhmes dhe shtrojnë rrugën e saj.

Kudreti buzëqeshi dhe e falenderoi bariun me përvojë, mësim që kurrë s'e harroi. Duke ecë rrugës i ra ndërmend mënyra se si prindërit e tij po e mësonin me mjeshtërinë e heshtjes që flet ma shumë se fjalët... Hapat e jetës ndiqnin njeni- tjetrin si në gara,ashtu vijonte rrjedha e jetës në familjen e Hasanit, i cili përpiqej të krijonte nji jetë sa ma të mirë të mundshme, në kushtet që ishin. Por synimi i Sigurimit dhelprak nuk i ndahej për asnji çast. Sa vinin e shtoheshin intrigat e thurura ndaj Hasanit e shokëve të tij që shpesh thirreshin në Degë të Brendshme... Nji ditë u vonu Hasani në punë, ishte te nji qytetar, të cilit kishte marrë përsipër t'i merimetonte diçka në shtëpi. E zu nata dhe u nis për në shtëpi, në kthim e sipër i binte rruga në nji vend që nuk kishte lëvizje ditën e jo ma natën. Duke ecur dëgjoi disa çapa sikur po e ndiqte dikush me qëllim... nuk e ktheu kokën, por ndjeu sikur diçka e ftohtë ia përshkoi trupin. Ecte me hapa të hedhur si me droje. I thirri nji za i çjerrur: "O Hasan, pa ndalo nji çikë o derëbardhë, se nuk të han njeri!" U ndal dhe pa se kishte përballë nji mashkull të gjatë të cilin e njohu. Ai ishte operativi i Sigurimit, i cili kishte ngarku disa persona si kodoshë, për ta provoku nga larg e me dinakëri, por Hasani i kishte lanë me gojëhap....dhe tashti kishte dalë vetë në skenën e tradhtisë.Nuk ia solli shumë muhabetin horri, por i ra drejt për së drejti: "Ah sa mirë që u takuam, ndonëse rastësisht, por siç i thonë rastësia është më mirë se një mijë takime paraprake. Paske punuar deri vonë, pse jo njerëzit të duan e të besojnë, apo jo Hasan?" Ai e dëgjoi dhe e kuptoi fare mirë ku rrahte çekani." Unë" tha Hasani "mundohem të punoj siç është më mirë për të mirën e përgjithshme. I dua shokët e punës dhe i ndihmojmë njëri- tjetrit, që është krejt e natyrshme. Unë shikoj punën time pa iu përzier njeriut në jetën e tij." tha Hasani. "Po,po" vazhdoi operativi, "por shihet se nuk i flet njerëzve kur të pyesin, sikur i nënçmon."-"Nënçmoj!" tha Hasani. "Unë s'kam asnjë të keqe me asnjë. Unë nuk injoroj njeri dhe as që dua të hyj aty ku s'më takon, as dua që të më ndërhyjë kush në jetën time."- "E po, ne jemi të gjithë të Partisë, e cila t'i fali gabimet e të la të lirë dhe të bashkohesh me familje e ta zgjerosh atë. Ti ke borxhe ndaj saj, mos harro!" –"Unë punoj me ndërgjegje për hir të së mirës së përgjithshme" shtoi Hasani. Këlyshi komunist e kuptoi mirë se ku qëndronte Hasani. Bani sikur fërkoi hundën dhe tha: "Dëgjo o Hasan, ne nuk duam të të dëmtojmë ty, por do ishte mirë që të na ndihmosh se siç e di, ka njerëz që nuk ia duan të mirën Atdheut e partisë. Ti si korçar e di se nji mollë e kalbur prish të tjerat. Pra është e udhës të jesh krahu jonë. Apo jo?" tha horri komunist. Hasani e dinte mirë si rrihte çekani… "E po, si mund të ju ndihmoj? Unë kontribuoj në ndërtimin e vendit me mundësitë e pakursyera."- "Po, po," i tha operativi, "ti je element i duhur për çështjen tonë, njerëzit të besojnë, sidomos të deklasuarit, që mezi presin të na gllabërojnë." Duket se horri komunist harroi ose i rrëshqiti goja, se vetë Hasani bante pjesë në atë "klasë." "Partia do ta ketë në konsideratë ndihmën tënde, do jesh i fituar. Këtë bisedë s'duhet ta bësh me askënd, doli llafi nga ky takim do ta pësosh keq!"- tha oficeri. Hasani i dëgjoi këto fjalë që iu duk si bombardim mbi ndërgjegjen e tij të dlirtë. "Dëgjo,"-tha Hasani, "unë jam njeri i thjeshtë, jetoj një jetë të thjeshtë, s'e kam atë aftësi për atë zanat që më ofroni. Më lini të qetë në punën time." Me kto fjalë u mbyll biseda dhe Hasani u largu me hapin e burrnisë,duke marrë parasysh pasojat që mund të pësonte nga ai regjim mizor. Mbeti operativi në errësirë, fytyra e tij ishte ma e errët se vetë nata. Nga nata del drita, e nga errësira e tij del damllaja. Turfëlloi horri me vete dhe mërmëriti... "do ta shohësh o Hasan, do të bëhesh kërmë për krimba"....Ky ishte zanati i tyre, mësime nga shkolla bolshevike.

Qëllimi i tyre ishte të zhvishnin popullin nga petku i mirësisë. Të shkallmonin çdo gja fisnike që shqiptarët kultivun gjatë gjithë historisë. Fjala 'besë' ishte ba sinonim i fjalës shqiptar. Çekani dhe drapri komunist po shtypte... dhe korrte pa mëshirë.

Ecte Hasani drejt banesës duke i tjerrë këto mendime në shtëllungën e botës së tij të trazume.... Hyri në shtëpi dhe si gjithmonë i përshëndeti dhe i përkëdheli me dorën e dashurisë fëmijët. Shikonte Bajamja si nën sy, se dukej se nuhaste diçka, me përvojën e saj të gjatë e të hidhur në ato "kopshte eksperimentale" të hordhisë bolshevike, të ndërmarrë me fanatizëm ateist.

Bisedun herë seriozisht, herë me shaka, por erdhi koha që fëmijët të shkonin me fjetë duke u uruar prindve natën e mirë. Bajamja i përcolli deri në dhomë ku ndej deri sa i mori gjumi, dikë ma shpejt dikë ma ngadalë, në prezencën e nanës që asht si muzikë shpirtërore, ka për dirigjent dashurinë e nanës që asht e lidhur me Arshin-fronin e Allahut.

Pasi u rehatun fëmijët filluan bisedën babë e nanë, ku Hasani me za të ulët i tregoi bashkëshortes besnike për bisedën që pati me operativin, Bajamja dëgjoi në heshtje e me vëmendje, pa ia heq sytë bashkëshortit të saj. Bisedun gjatë e gjanë dhe në fund thanë se punët nuk duken mirë dhe Zoti e din si do të shkojnë.

Provokatorët, fatkeqësisht ishin të deklasum, por dobësia e tyre morale i kishte ba myshteri të pazarit të Sigurimit, ku shisnin e blinin pa asnji rezervë. Ata i silleshin Hasanit si hienat rreth presë…

Hasani ruhej me imunitetin e besnikrisë që këlyshët komunistë u munduan të ia dobësonin që ta kishin të lehtë ta gllabëronin. Akuza ishte gati: Agjitacion e Propagandë. Duheshin vetum ca manovra për të realizu normën e arrestimeve…. Nanë e babë e dinin se qëllimi i Sigurimit ishte i qartë: asgjësimin e tij fizik. Hasani e porosiste Bajamen që sido që të vinte puna ajo duhet të qëndronte si gjithmonë, dhe tani Kudreti ishte rritë goxha mirë dhe i bahej ndihmë. Ai i thonte: "Ne duhet të jetojmë me ndihmën e Zotit, dhe nëse diçka më ndodh mua, vazhdoni jetën! Sido që të jetë, Zoti na ka dhuruar jetën që duhet të jetohet në çfarëdo kushtesh që ndodhemi. Kurrë nuk duhet të dorëzohemi!"

Gjuetia e shtrigave sa vinte e mblidhte rrjetën e "peshkimit të synum".

Çdo ditë që vinte nxirrte në pah çakejtë e Sigurimit po banin çdo përpjekje për të thy dhe nënshtru Hasanin, i cili nuk jepej nën presionin e asnji metode. Kjo tregonte se Sigurimi po bahej gati për fletarrestin dhe të nënshkruhej formalisht nga sekretari i parë i rrethit, i cili nuk ia përtonte këtij zanati.

Ishte natën vonë, kishte ra nji qetsi që prishej herë pas here nga ndonji kukuvajkë ogurzezë. Ndërsa Hasani me Bajamen po bisedonin, u ndien ca hapa të randë që u ndalën te dera e banesës së Hasanit. Pa trokit e shpërthyen derën si bishat e uritura, u drejtun kah Hasani që nuk tregoi asnji rezistencë. E kuj ti rezistoje? Ata ishin të armatosur deri në dhambë, gati për të shkatrru çdo gja që iu dilte përpara. U zgjuan fëmijët të tronditur duke thanë: "Mos e prekni babin, mos e merrni babin"… me lëvizje të shpejta e morën Hasanin, të cilit i mbeti shikimi mbrapa, i pa ata për të ba asgja. U largun si hienat me pren e rrëmbyer…. Bajamja e mblodhi veten që t'u jepte fëmijëve kurajo, të cilët qanin me dënesë, përveç Kudretit që iu afru nanës duke ia kap dorën në heshtje. Sikur donte t'i thonte: "Ja ku më ke mua, shokun tënd të udhës së vështirësive." Nanë e bir u munduan të qetësoheshin disi nga tronditja psikologjike-shpirtërore që pësuan ata vetë dhe vogëlushët, të cilët nuk kuptonin se ç'po ndodhte,vetum vullneti i shpresës në Zot do t'i ndihmonte….

Pothuajse nuk fjetën fare gjatë gjithë natës, e shoqëruar me lot e dënesë. Nana bani ç'ishte e mundur t'i qetësonte, gja për të cilën kishte nevojë vetë. U thonte se babi do të vijë… "Kur?" -thonin ata? -"Po, po, do të vijë." Ajo mbante lotët që shpeshherë e tradhtonin, e shikonte Kudreti që sikur mundohej t' i jepte kurajo. Natë që mbarti nji peshë të randë në jetën e tyre që nuk dihej se si do të merrte kahje…

Filluan torturat çnjerëzore që ta thenin dhe banin që Hasani të dorëzohej, por pa asnji rezultat, se ai i ishte dorzu Zotit, e kush i dorëzohet Atij nuk ka poshtërim dhe dorëzim. Secili hetues e dërrmonte me metoda barbare që ushtroheshin jo vetum ndaj Hasanit, por ndaj të gjithë atyre burrave dhe burrneshave që i banë ballë me heroizëm planeve shkatërruese të sistemit barbar ateist. Vazhdonin torturat shtazarake në hetuesi sikur shënimi i kohës përtonte të shënonte. Hasani po kalonte ditë të vështira, e shpesh i shkonte mendja te Bajamja dhe fëmijët, që nuk dinin se çfarë të banin; ndiheshin si në dhomë arresti, i gjithë vendi u shndërru në burg.

Bajamja shkonte shpesh në Degë të Brendshme për të pyt për bashkëshortin që nuk e dinte se ku dergjej.... E panjohura ishte torturë në vetvete. Herë pas here merrte ushqim që të ia jepnin Hasanit, por ai kurrë nuk e shijoi atë gatim zoje, për të ishte gatimi i dajakut që kurrë nuk e mposhti. Ata kërkonin prej tij të pranonte akuzën gënjeshtër "Agjitacion dhe Propagandë". Ai kurrë nuk e pranonte nji shpifje të ndyrë komuniste. Pranonte vdekjen dhe assesi poshtërimin. Ai ia kishte dhanë besën Zotit dhe për të ishte i gatshëm të flijohej. Se për shehidin nuk ka vdekje. Kjo ishte bindja e patundur që mishnonte Hasani. E panë horrat ateistë se ishte e kotë të merreshin me të, i shtuan goditjet barbare të fryme me cinizëm e sadizëm, sikur banin prova mbi të. Bajamja nuk merrte asnji përgjigje, e sorollatnin s'koti, ushqimin që çonte e hanin policët zagarë të regjimit.

Vizitat e Bajames nuk rreshtnin, por më kot.

Nji ditë shkoi, por disi me ndjenja trazuese... shkoi të sporteli i Degës famëkeqe dhe pa e pyet policin e dezhurnit. Ai i tha: "E moj tinë, kërkon ta takosh armikun e popullit?

E po, edhe ti je e të njëjtit kallëp." Ia hapi derën që të çonte te nji dhomë paraprake ku e kishte taku Hasanin për herë të parë pas kthimit.... Erdhi nji oficer që dukej ma barbar se xhelatët romakë; dhe iu drejtu me cinizëm: "Ah, do ta takosh burrin, eh?"

"Po" i tha e gjora. -"Oh, ja ku po vjen,"-i tha gjakatari. E hodhi shikimin Bajamja te dera që u hap, e çfarë të shihte, nji polic zhavel që mbante nji trastë si thes i patateve,me ca plaçka që mbanin erën e Hasanit, aroma e dashurisë që e këputën në bulë dhe e gllabëruan... Bajamja u shtang, por e mbajti veten, e kuptoi të vërtetën që rëndoi mbi qenien e saj, tashmë të sprovume dhe i duhej ta mbante veten me durim për hir të vetes së saj e kalamajve që e prisnin me padurim. Nuk foli, por tha me vete "Të Zotit jemi dhe tek Ai është kthimi ynë."

U nis për te fëmijët si shqiponja pritet nga vogëlushët në fole. Ata prisnin babën, por më kot, ajo u ba babë e nanë. E filloi udhën e jetës plot vështirësi, në fillim kishte nji e tani kishte tre fëmijë. Por jeta duhej të vazhdonte me besim të pamposhtur, si qëndroi Hasani para bishave, ai dha jetën që mos të vdiste kurrë, shehidët nuk vdesin. Ajo tha me vete "Dua të jetoj!"

Bajamja doli nga ku shumë njerëz nuk dilnin, siç ndodhi me Hasanin. Duke shku te fëmijët ishte e piklume dhe kishte nevojë për mbështetjen e kokës në sup të dikuj, por fatkeqësisht ia rrëmbyen mbështetjen e pazëvendë-sueshme. Arriti te fëmijët, e ata e pyetën për babën, ma i vogli sa kishte fillu të hidhte hapin drejt ndjekjes së babës që tashma u ba enigmë. Bajamja përpëlitej në botën e trishtimit, nuk dinte se ç'do të sillte e nesërmja....

U mundu t'i qetësonte fëmijët që i rrinin pranë si zogjtë e turitur pranë klloçkës-kllukës. Kudreti e kuptonte nanën dhe përpiqej t'i jepte kurajo, por ai vetë kishte nevojë për mbështetje, por ndjenja burrnore që kishte fillu të piqej i jepte krah për qëndresë....

Bajamja priste urdhrin nga autoritetet se ç'do të bahej me ta, a do ta linin aty, apo do ta hidhnin diku në ndonji vend siç i ndodhi përpara...Në kyt gjendje sëkëlldie erdhi nji nëpunës i Degës së Brendshme, se pa "vulën" e tyre asgja nuk bahej. Ai kishte nji pamje të neveritshme që mbillte tmerr. Kishte sy të skuqur nga rakia qyl, si qylxhij që ishin, si shushunjat në jetën e njerëzve të pafajshëm.... mbante nji kapele të rrasun deri në vetulla që ishin ngrit si të luciferit... e shikoi Bajamen që ishte rrethu prej fëmijëve të tronditur dhe të trishtum nga ajo jetë plot peripeci për të rriturit, pa le për fëmijë të njomë, ku dy të vegjlit nuk kuptonin së ç'do të ndodhte. Gërthiti oficeri i Sigurimit pa i përshëndet fare dhe iu tha me gjuhë helmi : "Ja ku është leja për t'u kthy në fshat, që besoj se ju ka marrë malli për të." E mori Bajamja letrën pa fol, ndërsa horri u kthy për te makina xhips duke i dhënë pistoletës nji fërkim plot kapadajllek. Bajamja ndjeu dridhërim rrëqethës në qenien e saj të strukun, ajo jetonte duke patur fëmijët pranë si i vetmi kapital për t'i ba ballë gjithë atyre halleve. Oficeri u zhduk satrap duke lanë mbrapa të ligën...

Bajamja e hapi letrën ku thuhej se duhej nisur sa ma parë për në fshat...

Nuk dinte si të shkonte. Fjala fshat ia goditi disi ndjenjat me ndjesi aspak të mirë. "Fshat!" tha ajo. -"Po ku të shkojmë, si do gjejmë banesë, e vend pune? Po kush do të na presë?" -tha me vete. " Pse nuk na lënë këtu? Unë" -shtoi ajo "mund të punoj kudo, nuk i përtoj punës çfarëdo të jetë, por të na lënë të qetë." Ajo e dinte fort mirë se gjithmonë do të ishin në shënjestër të "pushkës " vrasëse të regjimit që nuk rrinte dot pa gjak. Hyri në dhomë dhe afroi derën, në atë gjendje u shkreh në vaj me dënesë, që u mundu ta fshihte nga fëmijët, ata ishin me Kudretin i cili mundohej t'u tërhiqte vëmendjen... Nana fshiu lotët, nganjiherë njeriu ka nevojë të shfryjë e të qajë në heshtje, asht nji lloj lirimi, u mundu ta qetësonte veten duke i fshi lotët me cepin e shamisë së zezë, të cilën kurrë s'e hoqi. Zakon grek.

Shkoi te fëmijët dhe u mundu t'u jepte nji farë qetësie. Dy të vegjlit dulën jashtë ndërsa Kudreti qëndroi pranë saj. Ai ishte shoku dhe bashkëudhëtari i vujtjeve që i ndanë së bashku. "Dëgjo o bir!"- i tha nana. "Ne do të shkojmë në fshat ku kemi lind unë e ti." Ndërsa nana fliste, Kudreti sikur mundohej të përfytyronte atë që e kishte jetu kur kishte ken ferishte. "Tani" -tha nana, "le të mbledhim plaçkat dhe të bëhemi gati..." Mblodhën ç'kishin dhe i vendosën në disa çanta që kishte saju Bajamja, i vinte dora për çdo punë shtëpie. Që mos të lageshin kishte ba gati plasmasë për t'i mbështjellë në rast se do të binte shi.

Udhëtimi për në fshat

Po ktheheshin në fshat që pothujse ishte harru…

Binte nji shi i butë që herë pas here ndalej sikur u sprovonte durimin kalimtarve të cilët shpejtonin secili në hall të vet. Bajamja me fëmijët u përshëndetën me fqinjët që ndonëse në heshtje kishin kalu mirë, ajo kurrë nuk i harroi. Morën rrugën për te stacioni i automjeteve që endeshin sa në nji rreth në nji tjetër, si damar të nji trupi të tupitun. Secili mbante nga nji trastë plaçkash, e gjithë pasuria e tyre. Por thesari i vërtetë ishte të qenurit bashkë në atë udhëtim, se vetum Zoti e dinte se ku e kishte cakun… që duhet synu e kërku….

Pas pak arritën në stacion që nuk dukej se kishte shumë lëvizje. Hynë në vendin e pritjes ku u pritën nga tymi i duhanxhinjve, të cilët dukeshin sikur ishin vu në gara se kush pin ma shumë. Të gjithë pritnin me shpresë që të gjenin ndonji mjet udhëtimi për në destinacionin e synum.

Bajamja shkoi te sporteli për të pyt nëse kishte ndonji mjet që udhëtonte për në Korçë, nëpunësi ia priti: " Si të qëllojë, me raste."- E falenderoi Bajamja dhe tha me vete:"Gjithandej si të qëllojë fati." Pritën për ca kohë dhe asgja për

ata. Duke bisedu me fëmijët erdhi nji makinë me targa Shkodër, shoferi doli,ishte nji mesoburrë me mustaqe të mbajtuna me kujdes, me nji përshkrim shikimi që krijonte nji mjedis sigurie dhe qetësie. U afru Bajamja me fëmijët dhe pyetën shoferin se mos shkonte në Korçë, por ata nuk ishin të vetmit pasagjerë që shkonin në atë kah. Shoferi Shkodran i shikoi të gjithë, por shikimi iu ndal te fëmijët dhe sikur diçka i tha vetes. Iu drejtu Bajames, "Po,unë jam për në Bilisht, mund të vini me mu" Fjalët e tij banë të harrojnë lodhjen dhe mërzinë... ai iu tha që të presin sa të mbaronte dokumentat e udhëtimit. Siç u duk mori dy bileta pasagjerësh që Bajamja ishte e gatshme t'i paguante ndonëse me lek ishin hollë. Duket se shoferi i mori biletat për të evitu, shmang çdo gjobë nga policia e qarkullimit rrugor. Zakonisht shoferët i lenin vendet në kabinë për pasagjerët që paguanin 'vullnetarisht'.

Shoferi iu tha të hynin në kabinë të gjithë, ata ishin të vegjël në trup dhe moshë,dhe të rraskapitur.

Trastat e rrobave i vendosi vetë shoferi në karroceri që ishte e mbulume me mushama, por jo si në "udhëtimet tjera".

U rregullun të gjithë dhe ishte hera e parë që hypnin në kabinë, përvojë që kurrë s'e harrun.

E morën udhën për në Korçë, shumicën e kohës fjetën të gjithë, ndërsa shoferi herë pas here ndizte cigare, tymi i të cilës duket se bashkohej me lamshin e mendimeve që kush e dinte se për ku e merrnin cakun pa e pyt fare...

Vazhdonte shoferi udhën e shoqnisë së mendimeve që shkonin e vinin pa i marrë leje....

Arritën në Librazhd, qytet i skutulum në nji grykë ku Shkumbini dukej se nuk ishte në gjendje me i dhanë gjall-ninë e duhur.

E lanë qytetin dhe pas nji kohe të bezdisshme nëpër atë rrugë ku edhe makina 'përtonte' të ecte.

Mbërritën në Përrenjas ku i priti rruga zig-zage e Qafë Thanës, e ngushtë dhe me kthesa të forta, por Shkodrani më përvojën që kishte e mori lehtë e ambël. Duket ajo përkundje i zgjoi nga gjumi nanë e fëmijë, kur iu doli përpara liqeni i Ohrit, ishte hera e parë që shihnin liqen, jo veç fëmijët por edhe Bajamja që kishte kalu aty pari kur e degendisën për në Lushnjë me makinë të mbulume.... Shumë vite të shkuara....

E shikun shoferin me dashamirësi i cili i përshëndeti me hijen burrnore. E hodhën shikimin e kureshtjes, ku panë në të majtë rruga ndahej e shkruhej: "Dogana e Qafë Thanës", përpara doli liqeni si skenë amfiteatri dhe në atë anë dukej qyteti i Ohrit, ma në veri të liqenit ndodhet qyteti i Strugës. Imagjinata e tyre mori rrugën sipas orientimit të secilit, ku kush e din se nga i dhanë krah mendimeve...

Zbriti makina në afërsi të liqenit që valzonte në qejf të vetë duke kriju tinguj gjallërie.... Dhe dukej se iu thonte ejani në Pogradec që nuk ishte shumë larg.

Kur mbërritën në qytet ku valët llastuese të liqenit i japin lezet e bukuri, u ndal shoferi që iu tha se do të zbrisnin për disa minuta.

Nanë e fëmijë dolën dhe u ndien si të çliruar. U afrun pranë liqenit dhe u dukën si klloçka me zogj të turitur nga skifteri. Hangrën nga nji çap bukë dhe lanë pak edhe për shoferin që atij mund t'i dukej asgja, por donin ta ndanin me të. I shfrytëzuan ato pak minuta në atë vend që të qetësonte. Dhe kuptuan se në anë tjetër ishte Jugosllavia ku babai i tyre kishte kalu vite sëkëlldie,por kthimi në atdhe i 'hangri' kokën.

Shoferi erdhi,mbante në dorë diçka; ai u kishte pru pak bukë me qofte, era e tyre të ftonte, ata s'i kishin provu ndonjëherë. U tha: "Urdhnoni!"- Fëmijët shikun nanën si për leje, dhe shikimi i saj ishte miratim. E falenderun burrin sojnik. Kudreti i tha:"Xhaxhi, edhe ne kemi diçka për ju," zgjati dorën djali dhe i dha pjesën e bukës me nji çikë djathë e pak turshi. Shkodrani buzëqeshi e mori atë pak bukë që e hangri me shije burrnie.

Vazhduan rrugën për në Korçë, kalun ish-kënetën famëkeqe të Maliqit, ku shumë djem nanash kanë humb jetën nga trajtimi i hordhive komuniste, siç banë kudo në kampet e përqendrimit.

Arritja në Korçë

Shoferi i grahte makinës me shpejtësinë e lejume 40 km në orë dhe dukej se sodiste fushën e Maliqit ose Zoti e dinte se ku kullotnin mendimet e tij.

Herë pas here shkëmbente ndonji llaf të shkurt si me 'gramaturë' me Bajamen e ndonjiherë me fëmijët, sidomos me Kudretin që tashma ishte djalosh... Atyre iu pëlqente e folura shkodranishte, që Bajamja kishte pas rast në kamp të përqendrimit të bisedonte si me qytetar shkodran ashtu edhe me theks malsie e nën Shkodër...

Edhe dialekti korçar nuk ishte i panjohur dhe e pëlqente Shkodrani, që ishte i rrahun në qytetet e vendit, ku secili dialekt ka bukurinë e vet, pasuria e gjuhës.

Shpeshherë në udhëtim e sipër Bajamja tretej në tjerrën e 'shtëllungës' së mendimeve që sikur edhe mimika donte t'i ndiqte pa e trazu ...

Shpeshherë lëviznin marshet e makinës që ndiqte dorën e mjeshtrit në atë rrugë të ngushtë ku përshkohej nga kambësorët, karroca, qerre e makina të llojeve të ndryshme, të gjitha prodhim nga vendet komuniste, asgja nga vendi, vetum dajak për popullin që nuk iu nda kurrë.

Rudina dhe Përparimi shikonin njëri-tjetrin sikur donin të shkëmbenin mendimet e tyre në atë mjedis që s'ia kishin haberin.Ndërsa Kudreti të jepte përshtypjen se shikimi i tij merrte 'arratinë' diku larg sa ia lejonte largpamsia e tij djaloshare e rrahun me çekanin e vujtjeve....përkrah nanës që edhe ajo tretej në botën e panjo-

hur në të cilën udhëtonte si udhëheqëse e skuadrës së saj
në fushën e jetës....

Shoferi kënaqej duke i shiku me synin dashamirës ku
shihte nji gërshetim të bukur njerëzor pa hy thellë në holl-
sina… nanë e evlad.

Në kyt mjedis shoqnor iu afrun Korçës, në të cilën
Bajamja kaloi në shoqninë e Kudretit foshnjë, të rrasun
në makinë me mushama, ku nuk panë asgja. E sot po hynë
në qytetin e Korçës që ma shumë dinin shokët e shoqet e
kampit për të se ajo. Shumica e tyre ishin të shkollum e të
ftillum që regjimi komunist u mundu t'i asgjësonte.

Iu afrun qendrës së qytetit që kishte nji farë gjallërie
si në heshtje. U ndal makina të nji shesh i vockël ku ishte
stacioni i automjeve, ku sërish duhej të 'prisnin rastin'…

Doli shkodrani, gjithashtu dhe nana me bijtë e saj.
Kudreti me shkathtësinë e tij rinore hypi si çapkën në
karroceri nga ku zbriti trastat e plaçkave, secili mori atë
që mund ta mbarte.

Bajamja nxori nji kuletë të sajuar vetë dhe iu drejtu
burrit shkodran: "Sa të kemi borxh, zotëri?" (Bajamja s'i
kishte ba të sajat fjalët imponuse të sistemit mizor komu-
nist; shok e shoqe.) Shoferi priti pytjen e saj me buzëqeshje
që shprehte çiltërsi që vetum besimi në Zot e prodhon dhe
ofron.

Ai tha: "Ju nuk më keni borxh asgja, por më kujtoni
kudo që Zoti ka caktu për ju.Zoti ju rujt e neroftë!" I tha
këto fjalë burri që i preku të gjithë, dhe të tre fëmijët e
përqafun njëkohësisht si lulet në vazo. Bajamja s'arriti
dot të flasë, por zëdhënëse të saj ishin lotët si hedije ndaj
mirësisë.

E përshëndetën burrin që kurrë s'e harrun, e ndoqën
teksa mori udhën për në Bilisht. Nuk ia ndanë shikimin

makinës derisa u zhduk në rrugë, duke i uru të gjitha të mirat. Bajamja i shikoi fëmijët e u tha,

"Dëgjoni, mirësia ka për valutë mirënjohjen që kurrë nuk skadon; dhe i lumtur asht ai/ajo që Allahu ia dhuron."

Me këto fjalë u duk se fëmijët po i shënonin në ditarin e kujtesës... ashtu siç ishin po shikonin të gjenin ndonji mjet transporti për në fshat...

Të huaj në vendin e tyre

U banë gati nana me fëmijët për të marrë rrugën për në fshat që për ta ishte i panjohur, deri edhe Bajamja e ndiente veten të huaj në atë vend që kurrë nuk e la derisa erdhën hordhitë komuniste dhe e zhvatën, e grabitën si skifteri gjahun… Ajo mundohej të përfytyronte vendlindjen që nuk arriti ta shijojë as vetë, e as me bashkëshortin, pa le me fëmijët.

Ajo e pa për herë të fundit kur e gllabrun forcat barbare dhe të futur në mjet të mbulum e degendisën…ajo kaloi nga Korça,por nuk e pa dot.

Tani e pa me synin e dhimbshunisë, se i gjithë Atdheu rënkonte nën thundrën mizore enveriane, vasal i bindun me fanatizëm ndaj strategjisë shkatërruese.

Në atë gjendje që ishin si nomad,u mundun që të gjenin ndonji mjet udhëtimi sërish duke iu mbështet rastit. Asgja nuk ishte me plan dhe rregull. I vetmi plan dhe qëllim ishte ta dërrmonin popullin sidomos familjet më të mira të kombit. Nuk kursyn asgja për të realizu direktivat staliniste, sa edhe vetë Stalini do ishte xheloz per marifetin e tyre djallëzor. Mënxyrë e paparë.

Vazhdonte pritja që asht torturë në vetvete, dhe shikonin sa andej këndej se mos i ndihmonte "fati."

Pas shumë kohësh erdhi nji mjet që mezi ecte. Shoferi i mori dhe u tha të hypnin në karroceri që ishte me zhavor. Ai u tha se nuk shkonte deri në fshatin e tyre, ata thanë me vete: "Tani jemi në dorë të rastit ku të na dalin…"

Vazhdun udhën në atë rrugë të pa shtrume ku shkun-
deshin e tundeshin si kunguj... Pas ca kohësh sikleti u tha
shoferi se deri aty shkonte... zbritën dhe Bajamja e falen-
deroi dhe i tha sa të detyrohemi?

"E po" -tha shoferi:-"Si të ju vijë mbarë."I dha Bajamja
nji shumë që shoferit duket se i erdhi ambël. Futi paratë
në xhep e me dorën tjetër lëvizi kapelen e u largu...

Pritën edhe disa kohë por më kot, u dhanë kambëve,
se duket edhe ecja kishte hisen e saj që për ata ishte e
zakonshme, rrahja me vujtje e farkton njeriun që t'i bajë
ballë çdo situate.

Ecën nanë e fëmijë ndonëse të ngarkum vazhdun
udhën në atë mjedis familjar duke e shoqnu me ndonji
shaka që herë-herë nuk u mungonte, se edhe nga halli
qeshet ndonjiherë... Në ecje e sipër erdhi nji mjet që
dukej se ishte që në kohën e para luftës ...

Drejt të panjohurës

Shoferi u ndalu, rrobat e të cilit mbanin erë graso e naftë. Ai dukej se ndërhynte shpesh në motor sepse mezi i jepte 'vetes', kjo krijonte vështirësi për shoferin,i cili u ndal. Mbasi e mori vesh se ku do shkonin u tha të hypnin në karroceri që mbante erë plehu, por për pasagjerët e vujtjes ishte goxha mirë. Shoferi i dha marshit që e mori si me zor duke kërcy si në ankim. Vijun rrugën drejt të panjohurës që asht shumë e vështirë se nuk i dihet se kush të pret e ku do të arrish. Me këto mendime vijonte Bajamja udhëtimin e mendimeve që e shoqnojnë njeriun kudo e kurdoherë pa i marrë leje.

Pas nji distance shoferi u ndalu duke u thanë se deri këtu e kam cakun. Zbritën nanë e fëmijë, Bajamja e falenderoi dhe nxori ca të holla duke i thanë shoferit: "sa të detyrohemi?" Shoferi i hodhi shikimin në dorën që mbante paratë e cila ishte plot rrudha e kallo....

E shikoi me keqardhje dhe i tha: "jo,asgjë nuk më detyrohesh. Rruga e mbarë e Zoti ju ruajtë!" U largu shoferi që la pas mbresa të pashlyera në botën e Bajames dhe fëmijëve. Bajamja u tha fëmijëve se ka njerëz të mirë në këtë vend të çoroditur.

Distancën e mbetur do ta përshkonin në kambë.

Vijun rrugën që i çonte në fshat, i cili kishte ndryshu. Arat që dikur ishin të thurura me dorën e secilit sipas dëshirës dhe prodhonin atë që donin në lirinë e tyre. Pamja e fshatit kishte ndryshu si të gjithë fshatrat e vendit.

Kolektivizimi i arave të zhveshura pa mëshirë, shkulja e pemëve jo frutore ishte ba pa mëshirë duke mos kursy edhe pemët frutore që kishin ngel si dëshmitarët e krimeve të regjimit. Dukej në distancë ndonji "stalinevc" buldo-zer, që vazhdonte çrrënjosjen e pemëve që mos të rrinte asnji,as për nostalgji të ish-pronarëve që ishin shndërru në vasal.

Duke iu afru fshatit që kishte pësu ca ndryshime, në qendër të tij kishin ndërtu ca stalla e hangarë si magazina dhe vend pune në raste të stinëve, ku prodhimet bujqë-sore vendoseshin, por kurrë s'e ngopën fshatarin e gjorë.

U afrunë pranë shtëpisë së tyre, edhe ajo kishte pësu ca ndryshime pa ndonji shije. Njerëzit që endeshin i hodhën shikimin "mysafirëve" të rinj. Disa nga ata që i njohën u dhanë karshillek me rezervim se e dinin se shiheshin nga syni i spiunëve, që fatkeqësisht kishte fillu të brente shoqërinë shqiptare që kurrë s'i kishte njoft këto shfaqje çnjerëzore. Nji nga ata që pat guximin me u afru i përshëndeti, të cilin Bajamja e pyeti se ku mund të gjendej kryeplaku i fshatit.

I tregoi se ku ishte, dhe ja doli nga strofkulla e tij, i njëjti mashkull që kishte qenë kur e gllabrun forcat e Sigurimit, të cilit ai i shërbente me përkushtim të verbër dhe mburrej për shërbimin që bante për partinë. Ai ishte po ajo ftyrë që s'dinte tjetër veçse ngërdheshjen. I shikoi nanë me fëmijë me nji shikim përçmus duke u thanë:

"Erdhët sërish, eh? Por paske ardhur me tre, se kur të internuam kishe vetëm një. Shumë mirë, këta do të të ndihmojnë për ecurinë e kooperativës që ju pret, se për ju s'ka tjetër veç kazmës e lopatës e me kokën poshtë dhe gojën mbyllur." Pastaj vijoi, "Tani, ejani të ju çoj te banesa që partia ka përgatitur për ju." Bajamja me fëmijë nuk folën fare se nuk ishte nevoja të shkëmbenin llafe me të, çdo gja ishte programu sipas planit të regjimit barbar. Bajamja i dha letrën e Degës së Brendshme të Elbasanit, e mori kryeplaku që ishte i vetmi banor mbipeshë, se ai çdo gja e kishte qyl, dhe nuk përtonte të gllabronte dhe kollofiste çdo gja që i jepej rasti... Ashtu i krekosur i tha: "E po, nesër do të vijë operativi i Sigurimit për të biseduar me ju. "Tani,"- tha ai, "ja ku është banesa e juaj për ca kohë deri sa të vendoset të ju ipet nji ngastër toke, ku mund të ndërtoni nji shtëpizë me nji çikë oborr."

U largu kryeplaku duke i dhanë vetes si nji kaposh... e pyetën fëmijët nanën se ku ishte shtëpia e tyre. Ajo hodhi shikimin drejt ish-shtëpisë së saj, që dukej e ndryshuar, dhe ma vonë morën vesh se e kishte marrë kryeplaku me nji çmim qesharak, pasi e kishin konfisku, modeli i regjimit komunist.

Bajamja nuk foli dhe as fëmijët nuk e pyetën se edhe heshtja ka pjesën/hisen e saj.

Hynë në banesë, banesë i thënçin, që nuk ishte ma tepër se nji barakë me dërrasa e mbulume me katrama, ishte e ndarë në dy pjesë. Nuk dinin se nga t'ia fillonin rregullimit të "banesës." Nuk vonoi dhe erdhën disa nga të afërmit e tyre si me ndrojtje, por dashuria dhe mirësia ende e thonin fjalën e tyre. U përshëndetën me mall dhe pa humb kohë shkuan për të pru ç'ishte e mujtur për të ndihmu Bajamen me fëmijë që kishin nevojë për çdo gja. Sollën ca shilte, çarçafë, sapunë, ndonjë orendi për kuzhinë... I ndihmun që të rregullonin ç'ishte e mundur. Burimi i ujit ishte nji çikë larg dhe duhej mbart me kova e gjygyma, që u sollën nga të afërmit e tyre. Dikush pruni diçka për të ngranë....

Bajamja i falenderoi dhe ia la ditëve në vijim për të bisedu ma gjatë që lejonte "tavani" i hapsinës së besimit,që kishte fillu të zbehej.

E mbyllën diten e gjatë plot vështirësi dhe rraskapitje që vetum gjumi mund t'u vinte ndihmë, duke prit se çdo të slllte dita e re në atë vend, jo i ri për Bajamen, por i huaj në qasje...

Kjo ishte nata e parë në banesën e re, që nuk ishte ma tepër se nji barakë, por prania e tyre u ba tapeti i shtruar nga duart e dashurisë që kurrë nuk dështon në krijimin e mjedisit të qetësisë dhe besimit për të mbijetu pa marrë parasysh kushtet dhe rrethanat. Nata filloi të ngrysej duke lëshuar si me përtesë perden e errësirës që i jep rast gjallesave të marrin frymë për të përballu ngarkesën e ditës së re....

Nana me fëmijët rrinin tok në atë ambient ku dy llampat e zbehta nuk ndriçonin ma shumë se nji kandil i moçëm. Shkëmbyen disa biseda me za të ulur gati si në heshtje se mundej të ndigjonin edhe perdet e barakës që nuk ishin të zojat ta mbanin besën që kishte fillu të shkelej dhe asgjësohej me plan të caktum ateist.

Nuk vonoi shumë Rudina dhe Përparimi u shtrinë në shiltet e dhurume nga të afërmit e tyre, u dukën si mëndafsh të treguar në përrallat imagjinare...

Pa kaluar shumë minuta ata 'hynë' në botën e gjumit ku ndoshta rraskapitja e udhëtimit iu lehtësu.

Bajamja me Kudretin ia dhanë edhe nji çikë bisedës rreth asaj që ishin dhe të nesërmes që i priste me dhëmbë të zhveshur. Folën si dy shokë që ishin ortakë në vujtje dhe halle... e gjitha kjo me nji za ma shumë pëshpëritës sesa tone të ngritura, se e kërkonte koha "volumin" e ulur.

Kudreti mori leje të shtrihej në anë të Përparimit që ishte zhyt në gjumë. Nuk shkoi shumë edhe Kudreti iu dorëzu ftesës së gjumit që nuk mund të refuzohej.

Bajamja qëndroi edhe ca në shoqërinë e fëmijëve të fjetur që ndonëse në gjumë flisnin shumë, vetes së saj mundohej t'i jepte kurajo dhe shpresë për të vazhdu udhën në të cilën ishin dhe të cilës i duhej ba ballë, e me praninë e evladëve shpresonte se do të mbijetonin, ajo thoshte me vete: "Dua të jetoj."

Me këto mendime e të tjera që i vinin nga të gjitha anët dhe secila donte të dominonte, gja që e mbanin Bajamen si me zor të zgjuar. Por lodhja dhe dremitja e udhës fituan betejën në mes tyre dhe mendimeve që nganjiherë bahen bezdisëse...sidomos kur mundohesh të gjesh emra njerëzish që i ke taku atje-këtu dhe mos gjetja e tyre krijon shqetësim psikologjik. Bajamja dukej se e fitoi duelin dhe si "shpërbim" e mori gjumi mjaft i dëshiruar dhe i nevojshëm.

Por e kaluara me hallkat e saja të vështira nuk iu ndanë as në gjumë që e endnin sa në nji vend në tjetrin dhe aktorët e asaj skene të llahtarshme që e prisnin 'aktet' e tjera me të njëjtin skenar e regjisor...

Filloi agimi të hapë perden e ditës së re. Bajamja u zgju dhe u mor me ca gjëra të vogla në atë vend të ngushtë, por pa i shqetësu fëmijët. I la të flinin edhe ca. Dielli i shkrepi rrezet e tija dhe ndiheshin zëra e çapa të kalimtarëve që kalonin aty afër. Bajamja doli jashtë që pothuajse ishte fare në rrugë,dhe nuk ishte çudi që ndonji mjet i drejtuar pa vëmendje mund të iu hynte brenda...

U zgjun fëmijët që natyrshëm e marrin veten shpejt, ndërsa Bajamja ndiente dhimbje gjithandej, por nuk i 'padiste' te fëmijët që mos të merakoseshin.

Hangrën nga nji çap bukë me pak djathë të prum nga vizitorët e një dite më parë... u banë gati për të taku operativin e Sigurimit që ishte vula e çdo gjaje dhe kryeplakun nji oportunist i regjur dhe i stazhinum me dinakëri.

Refugjatë në Atdheun e tyre

Dolën nanë me fëmijë nga baraka dhe u dukën si refugjatë që mbahen për "sevap". U drejtun nga qendra e kooperativës që përbahej nga disa stalla dhe hangarë të mbuluara diku me katramah, diku me tjegulla e ndonji tjetër me llamarinë, art komunist që shprehte fukarallëk në çdo rrafsh të jetës.

Duke ecur drej zyrës së kryeplakut takun disa nga bashkëfshatarët e tyre që i shikonin si me ndrojte sikur të kishin zbritur nga ndonji planet tjetër dhe jo si bash-katdhetar. Ashtu ishte strategjia komuniste që të ndante njerëzit me hendek përçarës, deklasim shoqëror...

Pyetën se ku ishte zyra e kryeplakut, dikush i bani me dorë nga nji qoshe ku ndodhej një "deriçkë" e ndonji kaçorri.... Prini nana drejt derës të ciles i ra ngadalë si me droje. Dera u hap nga dhe doli kryeplaku, i cili u tha të hynin brenda. Aty gjetën nji mashkull që u prezantu si operativi i Sigurimit. Ai ngjante si ndonji bashibozuk, mbante në sup nji armë dhe fryhej si kaposh. Bajamja me fëmijët qëndronin para tyre sikur do të ekzaminoheshin. Operativi i shikoi më sytë e tij picërrues dhe tinëzarë,dhe i pyeti: "Ah,ti je Bajamja, e ky është Kudreti e këto të dy janë Rudina e Përparimi?" – Duket i kishte mësu mirë detyrën e "shtëpisë."

"Tani",- shtoi ai "ja ku jeni në sajë të partisë që ju lejoi të ktheheni sërish në fshat dhe të rehabilitoeni... dhe tani kryeplaku do të të njohë me brigadierin që të inkuadroheni në punë ku pritet shumë prej jush, ne do të jemi në kontakt..." U çu duke i dhënë pistoletës nji të prekur, sikur pushka nuk ishte mjaft për të tregu forcën...

U largu duke i shiku me cinizëm që e kishte të natyrshëm.

Kryeplaku e përcolli me servilizëm dhe thirri dikë që e prezantoi me nanë e fëmijë. Ai ishte brigadieri ku Bajamja do ishte pjesë e brigadës së tij, fëmijët do t'i ndihmonin në realizimin e normës. "Që nesër"-i tha brigadieri, "do të caktohet puna dhe me kë do të jesh. Ne presim prej teje punë cilësore dhe normë të realizuar.""Po"- shtoi krye-plaku "ta kuptoni mirë detyrën që keni, se kështu e do partia." U largun nanë e fëmijë drejt banesës që ngjante si kolibe ma shumë se nji banesë, ku u mundun ta rregullo-nin e kjo pa munguar ndihma që dhanë disa të afërme, që patën kurajo t'u ndihmonin.

Pas takimit me operativin e Sigurimit

Doli Bajamja me fëmijët nga zyra e kryeplakut dhe u nisën për në shtëpi. Gjatë rrugës Bajamja shikonte diku larg, sikur u mundonte të lexonte në "ekranin" e të panjohurës që iu ba hije dhe e ndoqi gjithkund... Fëmijët ecnin në heshtjen e tyre e cila nuk u thy derisa arritën në atë banesë i thënçin. Hynë brenda dhe u dukën se u çlirun disi nga ajo hije e randë që përjetun disa çaste në prani të atyre që i konsideronin jo ma shumë se plaçka pa inventar. Bajamja i shikoi dhe u tha: "E shikoni se ne duhet të bëhemi pjesë e kooperativës, pra do të punojmë me të tjerët. Ne nuk duhet të dorëzohemi, por do të vazhdojmë me kurajo që të mbijetojmë."

I tha kto fjalë nana që ishte produkt i bankave të shkollës së vujtjeve....

U tha që secili të merrej me diçka në banesë dhe rreth saj. Bajamja u mundu të kultivonte në ndërgjegjen e tyre dashurinë për punën që s'e len njeriun të humbasë në përshkimin e jetës me peripecitë e saja.

Edhe Hasani derisa ishte gjallë atë qëllim kishte, por tani i ngeli Bajames detyrë që duhet ta kryente si amanet. Ajo i mësonte me marifet se si të ballafaqohen me rrymat e jetës....

Nga mbasditja vonë erdhën ca të afërme për vizitë si me ndrojtje, ndonëse edhe ato ishin të deklasuara, por Bajamja ishte nji rang tjetër që as kulakët nuk ishin ashtu.

Ky ishte mjedisi që fëmijët po rriteshin. Kalun ca kohë me mysafirët me biseda të rëndomta, ata sollën ç'kishin mundësi për t'i ndihmu. Falenderimi ishte gjithmonë shprehja e Bajames që edhe fëmijëve ua kultivoi në ndërgjegje dhe jo në mënyrë hipokrite.

Dëshira e saj ishte të pajiste fëmijët me moral të lartë që sido të vinte puna ata do të ishin me themel të duhur. Kjo nuk ishte e lehtë, por jo e paarritur.

Pasi u largun mysafirët, secili u mor me diçka sipas mundësisë në atë ambient të ngushtë, por i gjanë në dashuri që ishte shtrati i qetësisë së tyne atë natë e gjithmonë.

Bajamja u zgju herët në mëngjes, pas pak erdhi brigadieri me nji mashkull tjetër që e prezantoi si shoku skuadërkomandant, e që ishte njësia ma e vogël e përbërjes së kooperativës.

Mbi brigadierin ishte përgjegjësia e sektorit dhe mbi atë ishte kryetari i kooperativës. Të gjitha këto rangje nuk ishin sipas aftësisë e meritës, por sipas direktivave të partisë, besnikët e saj.

Bajamja filloi punën me shokë e shoqe në parcelat e caktume dhe kështu do vijonte puna e saj.

Kudreti tashma ishte rrit u inkuadru në punë, ndërsa Rudina dhe Përparimi vazhdun shkollën që e donin shumë, ndonëse e dinin se për ata kishte 'tavan' të ulët që nuk depërtonin dot, ajo ishte vija e kuqe për të "prekurit", të deklasuarit nga "nana" parti , që i "dinte" të gjitha.

Në vijim e sipër të jetës së tyre doli në pah aftësia që Kudreti kishte si mjeshtër, murator, që babai ia pat mësu, dhe ia la amanet t'i mësonte mirë, duke e porosit se "zanatet nuk të lënë kurrë pa punë, kudo e kurdoherë ata i flasin të gjitha gjuhët e botës." Me atë porosi që e mori

si amanet dhe me këshillat e nanës vazhdoi ta përmirë-
sojë mjeshtërinë për të cilën kishte nevojë gjithkush sipas
rasteve....

Kjo bani që pas pak kohësh t'i bashkangjjtej skuadrës
së ndërtimit. Ai ishte ma i riu në moshë dhe zanat, por
ishte i vëmendshëm për të përfitu nga ata që ishin ma me
përvojë. Ai fitoi respektin e të tjerëve si nga sjelljet edhe
nga gatishmëria për të ecë përpara.

Bajamja gëzohej duke pa se Kudreti po ecte mjaft mirë
dhe shpesh bisedonin me gjuhën e përbashkët të msume
nga të njëjtat banka ... ku nana ishte nxanse dhe mësuese.

Rudina dhe Përparimi vazhdonin mësimet me kujdes.

Gjatë rrjedhjes së kohës që kalon sa shpejt aq dhe
ngadalë...dolën në pah aftësitë e tyre për t'u ambientu në
atë mjedis shoqnor të dirigjum nga 'nana' parti.

Ndërtimi i shtëpisë

Kalonin ditët,javët, muajt...si në përtesë, duke marrë me vete njerëzit pa u marrë 'mendimin' e tyre të cilët përshkonin kohën pa bereqet.

Teksa po shkonte Bajamja në punë takoi brigadierin dhe përgjegjësin e sektorit që e kishte pa edhe herë të tjera, por asnjiherë nuk kishin biseduar. Ai ishte nji mashkull që shprehte kapadaillek, në krahasim më të tjerët ishte disi ma i mbajtur, mustaqet e preme pa kujdes që nuk i shkonin fare, mesa shala gomarit. Ata ishin kapot e vendit....

Ai i tha Bajames se të nesërmen duhej të shkonte në takim me kryetarin e komitetit të zonës dhe instruktorin e partisë, vula e çdo gjaje.

Dhe e nesërmja erdhi...para se të shkonte në punë Bajamja bashkë me fëmijët shkuan në zyren e kryetarit, që ishte e vogël dhe s'kishte karrrige mjaft për të gjithë.

Pa e zgjat kryetari i tha: "Është vendosur nga partia që të ju jepet nji ngastër tokë afër nji dynimi që ta përdorni për të mbjellë kultura të ndryshme bujqësore për nevojat tuaja, dhe ku mund të ndërtoni shtëpi. E shikon si mendon partia për ju që të rehabilitoheni sa më shpejt e mirë dhe të ia shpërbleni me punë vetëmohuese!" shtoi instruktori i partisë . Kjo ishte vula e bisedës, ku përgjegjësi i sektorit nuk u ndi fare.

U kuptu se çfarë do bahej dhe Bajamja me fëmijët u largun, e ata seç mërmëritën me nji cinizëm që e kishin për natyrë. Këto ishin punët e tyre të mëdhaja, shkatërrimin e njerëzve me nji apetit djallëzor që s'kishte të ngopur. Dolën të tre si kaposhë dhe ia msyn te klubi që ishte i vetmi në atë qendër, gëlltitën nga nji gllënkë raki me ca meze... u largun sikur festun ndonji fitore të madhe, e për faturën nuk u mor vesh se kush i doli "zot", partia e din.

U caktu ngastra e tokës ku Bajamja do ta kishte si kopsht, me shpresë se do të ndërtonin nji shtëpi. Toka nuk ishte cilësore, por ajo u tha kalamajve se nuk ka tokë të keqe, por ka punëtorë të këqij. U banë gati që së shpejti të merreshin me rregullimin e parcelës, të gjithë iu përveshën punës që e donin.

Rregullimi i kopshtit, grumbullimi i materialeve për ndërtimin e shtëpisë

Pas disa ditësh, kryetari i Këshillit bashkë me nji servil i tregun Bajames vendin e caktum, që ishte pranë qendrës së fshatit. Trualli i dhanë konsiderohej tokë e cilësisë së dobët për kultivimin e kulturave bujqësore, por për punëtorin e zellshëm nuk ka tokë të keqe.

Aty kishte qenë nji stallë e madhe bagëtish, themelet e saj kishin qenë me gurë të bollekshëm "punë kooperative" hesapi....

Ndërsa kryetari i Këshillit fliste, Bajamja hidhte shikimin shëtitës herë nga Kudreti e herë nga dy përfaqësuesit e kooperativës.

Toka ishte pranë rrugës, e dhanë me qëllim që çdo kalimtar i njohur e i panjohur të shikonin atë familje të vujtur, sikur donin t'u thonin: "Ja ku ju kemi në qendër të vëmendjes, dhe kurrë nuk do t'i ikni vigjilencës tonë të mprehtë."

Bajamja me fëmijët filluan pa humb kohë të merreshin me pastrimin e vendit që kishte plot gurë e tulla... Kudreti u mundu ta rrethonte përkohësisht.

Çdo kohë të lirë që kishin e shpenzonin në atë vend ku do të ndërtonin shtëpinë e të ardhmes. I hynë punës të gjithë për pastrimin e themeleve të vjetra, ku dolën shumë gurë të cilët i përdorën për rrethimin e vendit pranë rrugës me nji avulli jo shumë të lartë. Kudreti nxirrte në pah aftësinë e tij si mjeshtër i mësuar nga rahmetliu baba i tij dhe nga përvoja që i rrinte gati si kohës sahati. Ai ndihmohej nga të gjithë si nji dorë e vetme që shërbente si shkollë edukimi sidomos për dy të vegjlit..

Puna e tyre tërhiqte vëmendjen e kalimtarve dhe secili shprehte atë që kishte në botën e tij, ata të mirët me ndonji fjalë inkurajuse, ndërsa smirëzinjtë me heshtjen e tyre të zymtë.

Vazhdonte koha në rrjedhën e saj, që s'pushon kurrë.

Filluan të mbillnin disa rrajë molle, dardhe, kumbulle… sipas klimës së Korçës.

Krahas punës së përditshme në kooperativë ku mundoheshin të merrnin sa ma shumë norma dhe të kursenin çdo lek të mujtun për blerjen e materialeve për ndërtimin e shtëpisë.

Toka e tyre kishte marrë nji pamje që vetëm dora e punëtorëve të mirë mund t'i japë. Pa humb kohë fillun të hapnin pusin ku punuan të gjithë sipas mundësisë deri në thellësinë e mundur për ata. Hapjen e plotë e kryen me ndihmën e disa të afërmëve që nuk u kursyen, se edhe ata ishin të deklasum, pra të nji takami, lloji….

Me punë kambëngulëse dhe sipas mundësive kohore dhe materiale ata vazhdonin ndërtimin e shtëpisë, dy dhoma e nji kuzhinë, aq e kishin takatin. Mundi i tyre nxori në pah shpirtin e bashkimit për hir të mirësisë të shoqnum me vullnet dhe kambëngulje që janë 'rremat e varkës' së jetës që çan valët e vështirësive të çdo kohe dhe situate. Kjo ishte Bajamja me fëmijë…

Kjo ecuri graduale dhe konstante i çoi në realizimin e qëllimit të tyre: ndërtimin e shtëpisë, ndonëse iu mori kohë e mund nëpërmjet të cilave farkëtoheshin dy të vegjlit, kjo ishte nji shkollë e vërtetë që nxori 'nxanës' të denjë për të mbijetu…

Dashamirët kënaqeshin me punën e tyre shembullore, ndërsa smirëzinjtë i shikonin me inat, ushqimi i botës së tyrë të zymtë, prodhim i injorancës, moçali i moralit të dobët, me të cilin krekoseshin.

Për Bajamen dhe Kudretin këto nuk ishin të panjohura. Ata i kishin pa dhe përjetu në udhën e vështirësive përballë të cilave nuk u thyen, por u kalitën me shpirtin e vetëmohimit triumfus gjiithmonë me ndihmën e Zotit, që e besun me ndërgjegje të plotë, 'varka' e shpëtimit.

Kudreti tashma ishte ba i njohur si mjeshtër i aftë dhe i sjellshëm me të gjithë. Por syni dhe grepi i peshkatarve të Sigurimit të shtetit nuk rrinin pa lëvizë, duke mos iu nda planeve të natyrës së tyre: shkatërrimin e ma të mirës, që ishte ushqimi i tyre me të cilin mburreshin: pastrimin e 'elementëve të damshëm.'

Bajamja dhe Kudreti e kishin nuhat nji ndjekje të tillë që për ata nuk ishte i panjohur. Me vëmendjen dhe kujdesin e tyre vazhdonin jetën që ishte e mbarsur me rreziqe të cilat u kanoseshin gjithandej. Lundrim në ujra të rrezikshme që po mos të dije të lundrosh të rrëmbenin pa mëshirë.

Bajamja me fëmijë vazhdonin jetën të qetë dhe çdo gja e ndërmerrnin me kujdesin ma të madh për t'iu shmang çdo rreziku.

Përpjekjet për t'u feju....

Pas shumë përpjekjesh, mundi dhe kambëngulje ia dolën të ndërtonin shtëpinë e vogël e të thjeshtë,por të dekorume me shpirtin e dashurisë të kultivume me kujdes dhe përpikëri prindnore, ndonëse e vetme, por zoja Bajame ia arriti atij qëllimi fisnik.

Vijonte jeta në rrjedhën e saj duke marrë me vete myshteritë e saj pa dallim...

Kudreti punonte shumë dhe kur kishte kohë punonte me orë të zgjatura te njerëzit që kishin nevojë për të si mjeshtër, tashma i njohur dhe i nderum. Ai mundohej të merrte me vete herë pas here vllain e vogël për t'i ndihmu me qëllim që të mësonte mjeshtrinë dhe të kultivonte dashurinë për punë. Mësimi i çdo zanati asht mirësi që kurrë nuk të len pa punë. Zanatet i flasin të gjitha gjuhët, nuk ka nevojë për përkthyes...

Përparimi e ndiqte më vëmendje dhe kënaqësi vllain e tij që e kishte në vend të babës. Njëjtë bante Bajamja me Rudinën.

Ata jetonin me shpirtin e përpjekjes duke qenë të kujdesshëm në marrëdhëniet me njerëzit, ku në mes tyre kishte nga ata që nuk ua donin të mirën.

Kishin fillu provokimet e nxitura nga Sigurimi i shtetit shkatërrues komunist.

Fatkeqësisht shumica dërrmuese e provokatorëve ishin nga familje të persekutuara, që kishin ra pre e dobësisë së tyre dhe mënyrave të ndyta që përdornin operativët e

Sigurimit. Bajamja dhe Kudreti i kishin nuhat këto qasje tinëzare që kanosnin jetën e tyre të pafajshme.

Sistemi minus komunist nuk njeh tjetër veç shkatërrimit të mirësisë, ata ishin ba mjeshtër saqë edhe djalli ua kishte zili.

Bajamja dhe Kudreti bisedonin shpesh në vetmi sikur shqyrtonin plane që kërkonin vigjilencë dhe urtësi.

Me gjithë situatën e krijume ata punonin me zell dhe pa kursim... Kudreti filloi të kërkonte të martohej duke pas krah edhe nanën që pyeste për gjetjen e ndonji çupe të përshtatshme për Kudretin.

Por për çudi asnji nuk ia jepte vajzën, edhe pse vetë ishin të deklasuar, por Bajamja me fëmijët ishin të "prekur", pra të nji rrezikshmërie të lartë. Dhe askush nuk denjonte të merrte nji hap të tillë ... ndonëse tashma Kudreti njihej si djalë i sjellshëm dhe mjaft punëtor. Vazhdonin përpjekjet por pa asnji shej shprese... Kjo nuk i dekurajoi Bajamen me fëmijë që ishin kalit me sprova të vështira, sidomos Kudreti. Të gjitha këto kanosje përmbanin rrezikshmëri për jetën e tyre, që nuk duhej lanë në dorë të kasapëve komunistë.

Dukej se Bajamja me Kudretin kishin shtuar bisedat e tyre të ngushta dhe herë pas here flisnin edhe me Rudinën dhe Përparimin, por me 'dozë' të caktume. Jeta e Bajames sa vinte e rëndohej në të gjithë rrafshet e saj. Ajo dhe Kudreti kishin përshku jetën nëpërmjet vujtjeve si ato fizike, shpirtnore, psikologjike e materiale, dhe ende ndihej pesha e tyre duke rëndu edhe mbi Rudinën dhe Përparimin, që e ndienin përçmimin, përbuzjen, kufizimet ... direkte dhe indirekte si të deklasuar.

Me shtimin e provokimeve nga njerëz të ndryshëm e dinin fare mirë se gjuetia e shtrigave i kishte në shënjestër të vazhdushme. Aftësia e tyre për t'i kuptu dhe anashkalu ishte mbrojtja ma e mirë për ta, dhe mbi të gjitha besimi i patundur në Zot. Mirëpo e dinin fort mirë se ata ishin në Rezervat komunist që mund të peshkoheshin në çdo çast. Përvoja e tyre me babën fliste qartë që ta kuptonin mirë dhe mos të flinin në dafina. Jeta aktive në të gjitha fushat e saj jepte me kuptu se ata ishin të kënaqur me rrethanat jetike, për këtë Kudreti vazhdonte kërkesën dhe interesimin për të gjet nuse... por në botën e tyre duket kishin plane të tjera që Sigurimi me mendjemadhësinë e tij nuk arriti të hetonte nji ndërmarrje të tillë vetëflijimi.

Liria asht e shtrenjtë, çmimi i saj asht sakrifica, dhe ata ishin të vendosur ta paguanin. Ky ishte shpirti me të cilin ata ishin pajisë me bindje dhe besim.

Dhe ja erdhi nji natë, që mbarte me vete shpresën e tyre për të mbijetu me armën e flijimit.

Bajamja më tregoi historinë e dhimbshme, me rreziqe e strapacime të jetës së saj, në çdo etapë, por planet, mënyrën dhe rrugën që ndoqën në arratisjen e tyre që i solli deri në kamp të refugjatëve, ku dhe u njohëm, nuk m'i tregoi, por as unë nuk e pyta. Ajo dukej sikur kishte droje të shpaloste planet dhe mënyrën e arratisjes, se mos fjalët arrinin në 'vesh' të Sigurimit në Shqipëri, ku mund të damtohej dikush që mund t'i kishte ndihmu...

Kjo ishte droja që Sigurimi kishte "instalu" në ndërgjegjen e njerëzve.

Në fund të tregimit të dhimbshëm i rrodhën lotët që përshkuan rrudhat e vujtjeve sikur donin t'i ujisnin me shpresën e rifreskimit të tyre.

Fjalët nuk ishin të zojat t'i mundnin lotët që dominun mbi to. U mundu t'i fshinte me cepin e shamisë së zezë që kurrë s'e hoqi nga koka. Fjalët dhe lotët e përziera e dhanë dëshminë e tyre që nuk duhej lanë në harresë. Amanet që duhet mbajt pavarësisht nga koha e gjatë. Në ato çaste erdhën fëmijët e saj, ata ishin shpresa e saj që e mbajti dhe e mbante gjallë, me ndihmën e Zotit!

Përfundoi tregimin e saj të dhimbshëm që asht nji zadhanës i vujtjeve të llahtarshme të mijëra njerëzve të pafajshëm. Ajo u zhyt në botën e mendimeve dhe u duk sikur më la mu të merrem me ta...

Tregimi i Bajames u ba shoqnus i pandarë në çdo çast dhe vend, sikur më thonin mos na braktis...

Vendosa t'i shkruj në nji përmbledhje të ngjeshur, që t'i kisha si bazë. Gjeta disa letra,se për fletore s'kisha lireta për t'i ble, refugjat shqiptar hesapi. E hodha në ato fletë përmbledhjen e tregimit ku doli nji artikull fort i gjatë. Mbas ca kohësh ia lexova zojës Bajame, ndigjoi me vëmendje duke ma hedhur shikimin herë pas here... dëgjonte dhe lotët i rridhnin si në përtesë, sikur gjenin rehati në ato rrudha të nji jete vujtjesh...

Pasi e mbarova leximin, shoqërum me lot që më dilnin pa lejen time më tha:

"A keni qenë me ne?" – Duket se për momentin harroi se ishte ajo që më kishte tregu....I thashë se nuk kam qenë me ju, se ju ishit në 'qeli' unë e të tjerët ishim në paraburgim...

"E po më janë përzier kujtimet, s'e di nga vijnë e vejnë..." – më tha.

E falenderova si përherë për tregimin e dhimbshëm që kishte lanë gjurmë të pa shlyera....

U nisa për të taku Zef Shytin që jetonte në nji fshat turistik jo larg qytetit Udine. Zefi ishte nga Mirdita, besnik i dej i Gjon Marka Gjonit, Bajraktarit të Mirditës, që jetonte në Itali. Ai kishte nji parti politike ku Zefi ishte element kryesor. Në vijim të jetës time kam kuptu se ne Shqiptarët jena pak e parti shumë, porsi prroni që s'asht lumë...

Zefin e njihja qysh në hapat e para kur shkova në Itali, njerëzit që na shoqëruan (mu dhe dy shokët e mi që u arratisëm bashkë) na dërgun te hoteli i tij modern në atë vend piktoresk, ku qëndrum nji javë. Se kush i pagoi faturat nuk u mor vesh...

Zefi ishte ai që na përgatiti të dhanat tona se ishim pa asnji dokument. Pasi i përgatiti na shoqëroi për në kamp të refugjatëve pranë Triestes ku takova zojën Bajame me fëmijë.

Ia lexova shkrimin tim Zef Shytit se e kishte të vështirë leximin tim që pakkush mund ta lexojë.

E shkroi me makinë shkrimi me nji shpejtësi mesatare. Ndeja nji natë te ai dhe u ktheva për në kamp. Pas pak kohësh artikulli u botu në gazetën e tyre që shkonte në shumë vende në Europë dhe në Amerikë. U botu edhe nga Bilal Xhaferri në Chicago, në revistën e tij "Krahu i Shqiponjës " që përgatitej dhe botohej nga vetë Bilali me ndihmën e miqve. Artikulli u prit mirë sidomos nga shqiptarët e Shqiprisë zyrtare, të djegur nga malli për Atdhe që ishte shndërru në burg.

Shënimet e tregimit sikur më thonin vazhdimisht: "Ej,, kur po na nxjerr në dritë, mjaft na ke mbajt në kto fletë!"

Elhamdulilah, erdhi çasti që të shkruhen në libër e të ndahen me të tjerët, që rinia t'i dinë se çfarë vujtjesh ka kalu populli jonë përafërsisht nji gjysëm shekulli. Të dihen dhe të kuptohen që ajo kohë mos të vijë kurrë ma!

Liria asht e shtrenjtë, dhuntia ma e mirë që Allahu i ka dhanë njeriut. Atë e blen vetëm ai që asht i gatshëm me u fliju pa asnji ngurim. Bajamja me fëmijë ishin myshteritë e saj dhe nuk u kursyen ta blejnë me guxim, largpamësi dhe sakrificë.

Shembull i përkryer për çdo kohë dhe situatë! Allahu i nderoftë!

Për çfarë shkruj po i la mrapa,
t'i lexojë kush t'ketë dëshirë:
Për mendje të madhe s'baj dy hapa,
Allahu më njeh ma mirë!